为人处世的心理策略

赵 磊◎编著

国家一级出版社 中国纺织出版社 全国百佳图书出版单位

内 容 提 要

任何一个人，都想成就一番大事业，希望占领竞争的制高点，更希望拥有一个圆满幸福的人生。

本书细致地研究了晚清名臣曾国藩的一生，从中找出他在识人用人、为人处世、借力谋力、修身养性等方面的艺术。本书就是一本实用的心理学教程，读完这本书，你会发现眼前豁然开朗，人生更加从容。

图书在版编目（CIP）数据

为人处世的心理策略／赵磊编著．—北京：中国纺织出版社，2018.3

ISBN 978-7-5180-4825-0

Ⅰ.①为… Ⅱ.①赵… Ⅲ.①心理交往—通俗读物 Ⅳ.①C912.11-49

中国版本图书馆CIP数据核字（2018）第050022号

责任编辑：闫　星　　特约编辑：王佳新　　责任印制：储志伟

中国纺织出版社出版发行

地址：北京市朝阳区百子湾东里A407号楼　邮政编码：100124

销售电话：010—67004422　传真：010—87155801

http：//www.c-textilep.com

E-mail：faxing@c-textilep.com

中国纺织出版社天猫旗舰店

官方微博http：//weibo.com/2119887771

三河市宏盛印务有限公司印刷　各地新华书店经销

2018年3月第1版第1次印刷

开本：710×1000　1/16　印张：15

字数：223千字　定价：39.80元

前言

曾国藩是中国近代史上一位颇具魅力的神秘人物，但同时也是一位颇有争议的人物。对曾国藩，有人称之为“圣相”，有人称之为“罪臣”。

事实上，在中国近代历史上，曾国藩起过举足轻重的作用。曾国藩出生于晚清一个地主家庭，是中国近代政治家、战略家、理学家、文学家，是湘军的创立者和统帅。与李鸿章、左宗棠、张之洞并称“晚清四大名臣”。他官至两江总督、直隶总督、武英殿大学士，封一等毅勇侯，谥曰文正。

曾国藩一生为官清廉，主张为官不可居功自傲，为此他修身律己，以德求官，礼治为先，以忠谋政，在官场上获得了巨大的成功。

曾国藩一生潜心研究学问，主张推行儒家思想，留下许多值得后人汲取的养分。

曾国藩的崛起，对清王朝的政治、军事、文化、经济等方面都产生了深远的影响。在曾国藩的倡议下，建造了中国第一艘轮船，建立了第一所兵工学堂，印刷翻译了第一批西方书籍，安排了第一批赴美留学生。

可以说，曾国藩是中国近代化建设的开拓者。如果剔掉人们对曾国藩评价的褒贬色彩，便会发现，大家对曾国藩其人有一个清晰而深刻的共识，就是“老谋深算”。

曾国藩的一生，无论是在沙场厮杀、斗智斗勇，还是在贪污成风、险恶至极的官场中搏斗，他都极尽人生智慧，他之所以为人拥护、左右逢源、功成名就，全在于其用心之深，殚精竭虑。可以说，曾国藩成就一生的秘密，就在于他懂得运用心理策略。

曾国藩善于谋人。曾国藩的一生就是识人用人、爱才聚才的一生。他周旋于各色人物之间，精于揣摩人性、把握人心，无论是识人、择人、用人，还是管人、防人、治人，都用心研究，并因人而异，施展手段，因此能够将各种人牢牢控制在股掌之中，为他成就大事打下坚实的人力基础。

其实在生活中也依然如此，与人打交道是一门艺术，需要我们懂得把握人心、深谙人性的特点，懂得巧妙地运用心理策略，让人乐意为我们效劳，并帮助我们在复杂的人际关系中立于不败之地。

曾国藩懂得借力生事。曾国藩之所以能成事，与善于借助他人之力不无关系，晚清朝廷风雨飘摇，曾国藩却能准确把握各种变局，能屈能伸，可方可圆，最后全身而退，留得身前生后名。

的确，无论做人还是做事，如果不讲策略，只是怀揣梦想，一味地“闯荡”，且不说谋大事成大业，恐怕就连在社会上立足都很困难。所以说，人生事业，贵在用心谋划，大谋大成，小谋小成，无谋不成。

《曾国藩的心理策略》囊括了曾国藩在为人处世、修身养性、为官之道等方面的高明之处，并融合了现代社会成功人士的经验，值得我们去仔细研究，并希望本书能对有志于成就大事的读者有所帮助。

编著者

2017年11月

目录

第01章

识人察人，了解他人的心理策略

曾国藩是清朝中兴名臣之首，以镇压太平天国而闻名天下。而曾国藩更闻名的是其吸引了大批人才来到他的旗下，曾国藩幕府人才之盛，在当时是无人可比的。本章我们将阐述曾国藩是怎样识人察人的，运用他的方法，我们也能学会如何看透人心。

相由心生，以“貌”取人

生活中，我们常常听到老人告诫我们：“人不可貌相，海水不可斗量。”这句话是告诉我们不能仅凭一个人的外貌判断其内心世界、个性、性格等，其实，这句话只说对了一半，因为相由心生，人的性格跟相貌是存在一定关系的。

随着成长，我们的相貌是不断变化的。刚出生时，我们的脸未经过雕琢，不知道未来会是什么样子，在经过时间的锤炼和岁月的洗礼后，我们的生活状态、性格等都会明显刻画在脸上。有些人笑纹很深，有些人嘴角永远下垂——不管你有什么样的特点，你的脸上都刻着你的过去，而且也勾勒了你的未来。

现实生活中，我们看到很多相面之人，他们的相面术我们无从得知，但在晚清，名臣曾国藩却是个相面老手。

在传统的科举制度下，士大夫要想飞黄腾达，饱读诗书、找到好的“靠山”都是远远不够的，还要精通易理，会察言观色，领会相面术。如此，方能在观察中审时度势、吃得开。曾国藩就是这样的一个人。

曾国藩于清嘉庆十六年十月十一日出生于湖南湘乡的一个地主家庭。27岁时进京参加会试，取得三甲第四十二名，赐同进士出身。1840年，曾国藩出任清廷翰林院侍讲，官拜七品，从此，曾国藩开始了他一生的仕途生涯。在后面的十年，曾国藩在官场七升十跌，一直做到礼部右侍郎。

1851年，洪秀全带领太平军揭竿起义，此时的曾国藩受命于危难之时，奉旨编练“湘军”。曾国藩花了近20年时间才将太平军镇压住，对清廷贡献卓著，一生之功业达到顶峰。

毫无疑问，在晚清官场，曾国藩可以说是成功者，他之所以仕途成功，不仅是因为时势造英雄，还因为他有着一套自己的用人策略，也就是曾国藩自己曾说的“相术”。曾国藩将传统的“相术”运用到他对军队、人才的管理上，效果卓著。

1858年11月19日—12月2日，曾国藩相继写下了一些关于人的面相的日记，其中，他对自己几位部下的面相进行了总结，如刘长春，湘乡城里人，27岁，“面貌俗”“聪明而滑”；萧浮洒，“口拙讷，神不外散”；熊登武，“目有精光，三道分明，鼻色榫勾而梁方，口有神而纹俗”；11月28日，曾国藩又记载周惠堂，“颧骨高，方口好，面有昏浊气，色浮，不甚可靠”等。

从上面曾国藩在日记中对他人的面貌和性情的记载和分析，我们可以看出，他主要是从人的外貌、五官、体型、声音、谈吐等方面，对其人品进行判断，再据此决定此人能否担当大任。不过，曾国藩的相术并不是用来判断一个人的“吉凶祸福”，而是判断一个人的品性，是否可堪重任。

曾国藩将自己的相人术运用到了具体的事情中，他自己也总结出了一套“相人之法”，即“十二字真诀”——“六美六恶”。所谓“六美”，曰“长、黄、昂、紧、稳、称”；而“六恶”是“村、昏、屯、动、忿、钝”。

总的看，这“十二字”相人真诀中，曾国藩观察的都是一个人的“气象”。通过观察人的“气象”来判断他的“心术”。曾国藩统领湘军，他需要的是强兵干将，也希望部下能有好运，他才会沾上“喜气”。在“六美”中，曾国藩认为最好的是“黄”，因为在其相人之法中，“黄色”是“喜气色”，主功名富贵。而“六美”“六恶”都偏重于人的情商的高低，因为曾国藩认为，在人成事的过中，情商起着关键性作用。

古人有云：“相由心生。”的确，一个人给他人的印象，并不是单从外貌上看的，而是从其内心看，心地善良的人，我们就会认为其相貌好，相反，一个人外貌好而心地坏，那么，他呈现的也是坏的相貌。

可见，任何一个人，他的心理状态都会显现在他的脸上，善于观察，便能看出其心理地图。的确，俗话说“人心隔肚皮”，在短时间内想要准确了解一个人着实是很困难的，而“相由心生”，按照心理学的解释，每个人的面相都反映着其相对应的身体和心理的状态，在心理咨询当中，咨询师会十分关注来访者的心相表现，以捕捉其心口不一的时刻，进行深入的洞察分析，美国心理咨询大师罗杰斯就把注视作为咨询师的基本训练。

心理策略

相由心生，人的个性、心思与作为往往会通过面部特征表现出来。有什么样的心境，就有什么样的面相。外貌是反映人的内外和谐统一的征象，观察人的外貌，可以粗略了解和判断对方的个性、品行和专业特长等。

善于观察，以小见大

社交生活中，我们的周围，似乎总是有这样一些人，他们懂得识人察人，总是交际圈中的红人，他们办起事来似乎也总是容易得多。可能你会认为他们很神秘，其实不然，如果我们也善于抓住别人内心世界的某些外在表征，以这个为切入点，自然就能看透一个人，这些经常被人们忽视的细节也能表现出一个人的心理。在这一方面，清末名臣曾国藩是我们效仿的榜样。

曾国藩最令后世称道的是识人用人能力。曾国藩一手创立湘军，在清末的一些战役中，虽然也吃了不少败仗，但是他却一手培养了很多大将，比如左宗棠、李鸿章、刘坤一与沈葆祯等，个个都是人才，影响了清末50年的历史发展。

前面一节，我们已经提过，曾国藩深谙相面术，他能从一个人的眼睛、鼻子等面部器官看到他的正邪，能从其嘴唇看到他为人的真假，更能从一个整体的“气象”中看到他的功名利禄，从人的精气神中看到其人的富与贵、贫与贱，从人的手指状态看到其人的思维、睿智与否，从人的脚步动作中看到其人的作风与

评论，从人的语言中看到其思路、表达的条理性，不可不说曾的确是一位帅才。为帅者，用人之所长，识人之真假，育人之风骨。

曾国藩的识人之道还在于，用不同的情境来考验对方，找出真正沉稳内敛、德行俱佳的人才。

曾国藩一生重视养生，平日里有泡脚的习惯。在他的门生里，他很看好李鸿章这个人，为了考验他的耐心，一次，面对前来求教的李鸿章，曾国藩故意洗脚一刻钟，当时的李鸿章才30多岁，自觉受辱，当时便气急败坏地拂袖而去。看到此景，曾国藩心想，李鸿章还年轻气盛，暂时难委以重任，便决定再对其考察一段时间，将其放到身边给予调教和磨炼。

还有一件事。每天中午，曾国藩都会和固定的幕僚一起用餐。一次，细心的曾国藩看到了这样一幕场景：

当时的米粒中有还没去壳的稻谷，其中有一位叫曾戚的幕僚，居然用筷头将碗中的带壳的米粒一点点挑出来，曾国藩当时并没有说什么。

饭后，曾国藩差人拿来20两白银给这位幕僚，然后让他回乡，幕僚吃了一惊，不知道发生什么事了，曾国藩义正词言地说，“你才刚从农村来到我们湘军总部，不到一个月的时间，你就忘本了，‘谁知盘中餐，粒粒皆辛苦’的道理你难道也忘了吗？这样的人我不能留在军营里，以后恐怕迟早会见异思迁。”不过，在其他幕僚的求情下，曾国藩才将此人留下。然后从参谋部门调去负责管理菜园。此人在曾国藩的这番话后如梦初醒，知道了自己行为上的缺失，从此放下身段，每天与菜园的仆役一起耕作，起早贪黑地努力做事，赢得了曾国藩的重新青睐，一年以后，曾国藩重新起用了他。其后，戚某从一个乡下人，一路做官至观察使。

这就是一粒稻谷见真知的故事，可见，与部下吃饭也是一种暗中观察的方法。从以上两个例子中可看出曾国藩对属下考察之严厉，用人之谨慎，很多道理也是值得现代企业借鉴的。同样，我们在识人过程中，也要学会“窥一斑而知全貌”“一滴水看见海洋”的本领。学会如何看透别人，能帮助我们排除摆在眼前的交际诱惑，看清形势，从而妥善规划自己的交际策略。

“刚开始，我以为他是一名优秀的的管理人员，但那天我在他办公桌上看见那盒吃了一半的便当和几包吃了一半的零食时，我立刻开始考虑适合这个岗位的其他人选了。”说这话的是某大型外企的人力资源部总监，她一向做事谨慎，公司的每个人的言行举止都逃不过她的眼睛。最近，她就将一个刚刚在市场部干了一个星期的市场部主管“炒”出了公司。她说：“我的理由有两个：第一，我们是跨国公司，把食物放在办公桌上太影响公司的形象了；第二，一个爱在办公室吃零食的男人给我的印象是办事犹豫拖拉，立场不坚定，这样的人不适合在一个代表公司形象的部门工作。当然，如果这件事出现在产品设计部或是创意部，我会假装没看见，过后提醒一下就够了，但在市场部，这样的细节绝对不能原谅。”

可能你会说，这个总监也太不近人情了，但西方的许多心理分析家均认同了这个观点。他们认为：一个职员在“吃”上的行为举止，甚至他的口味爱好，都暗示着这个人的性格，以及对待工作的态度。所以在与别人共进晚餐的时候，我们不妨偶尔扮演一下“福尔摩斯”，可以增加你了解他人的途径。

心理策略

在识人、察人方面，我们都要和曾国藩一样，学会从细处着眼，这样，才能探测他人的内心世界，然后才能有的放矢，拨开交际中的迷雾，适时安排自己的交际规划。

诚伪难辨，用心揣度

晚清官场，曾国藩是一个旷世奇才，他从一介布衣到呼风唤雨的朝廷大员，一生建立了丰功伟绩。然而，不少人认为曾国藩是权谋的代名词，其实，这是对他的误解，曾国藩一直践行的也不是权谋，而是“拙诚”的理念，这才是他领导力的核心，何谓“拙诚”？“拙”就是一步一步去做，“诚”就是实心实意地去做。曾国藩曾说过“唯天下之至诚，能胜天下之至伪；唯天下之至拙，能胜天下之至巧”。这大概是对他的“拙诚”理念的最好诠释。

曾国藩强调做人要“诚”，也就是做忠诚之人、说真诚之语，在任用人才方面，他也是力求寻找这样的部下。然而，如何寻找这样的人才呢?

曾国藩自有一套相人法。据说他精通麻衣相法，同时在考察人才方面摸索、积累了丰富经验。

在《用人三策折》中，曾国藩归纳出了几点具体考察人才的方法，大概分为四点，即“询事”“考言”“奏折”“诱迫”。他主张，要随时随地观察他人的相貌、言语和举止行为等，并将心得一点点记录下来，以此来分辨其优缺点，做到心中有谱。

此外，曾国藩认为，还应有意地设置一些情境来考验部下，从而能在众人中找出真正人品好、能担当大任的人才。李鸿章就曾被曾国藩考察过，并碰了不少钉子。

另外，曾国藩认为：“邪正看眼鼻，真假看嘴唇。”在甄选人才时，曾国藩认为那些官气重、夸夸其谈的人不宜任用，“与其无德而近于小人，毋宁无才而近于愚人。”曾国藩一直以“德大于才”为其用人的第一要旨。

生活中的人们，也应借鉴曾国藩的识人法。中国有句俗语：“人心隔肚皮，人心莫测”。人与人交往的时候，更是处处设防，以免上当受骗。特别是对那些老于世故、喜怒不形于色的人，从其语言上我们完全判断不出其诚伪。所以，我们更要懂得用心揣度，懂得观察对方的细小举动，做到火眼金睛，一眼就洞察他人的内心世界。

先来看看下面这一场景。

客户：“我看我还是不买了，我刚在隔壁商场买过一套差不多的。”这位小姐还是放下了刚刚试过的一套化妆品。为其介绍产品的是销售员小李，小李听到客户这样说，并没有放弃推销，因为她发现了一个很小的细节：客户在说这句话的时候，下意识地用手遮住了嘴，学过销售心理学的她明白，客户其实并没有说真话，而同时，客户进店后并没有再看其他产品，这更让小李确信自己的判断。

于是，她尝试着问："小姐，您是不是觉得这款护肤品贵了呢？

客户："是有点贵。"

小李："那您认为贵了多少钱呢？"

客户："至少是贵了500元吧。"

小李："小姐，您认为这套化妆品能用多久呢。"

客户："这个嘛，我比较省，怎么也要用半年吧。"

小李："如果用原来牌子的化妆品，要用多久呢。"

客户："原来那个两个月要买一套吧，因为效果不太明显。"

小李："这样吧，您看原来那个牌子的化妆品是200元一套，可以用两三个月，我们按照三个月计算，您半年需要花400元，但是小姐，实不相瞒，我们这种化妆品如果您比较省，至少可以用一年，这是所有客户共同得出的经验，由于它富含的营养成分比较多，所以只要稍微用一点，就可以了。"

客户："真的是这样的吗？"

小李："这是我的客户共同的见证。这个周末您有时间吗？我已经约了所有客户举行一个联谊，希望您也能参加。"

客户："这样啊，好，我相信其他女孩子的眼力……"

这则案例中，我们发现，化妆品推销员小李的销售方法值得学习，她之所以能判断出客户的反对意见"我看我还是不买了，我刚在隔壁商场买过一套差不过的"并非真实想法，是因为她观察到客户的一个下意识动作：用手遮住了嘴，一般来说，这是人们没有说实话的表现。

行为心理学家认为，我们不仅可以从一个人的面部表情识别其话语的真实性，更可以通过其肢体动作看出其话语的真实性。因为说谎是一种复杂的行为，要做到让人相信，需要动员全身的器官共同“演戏”。一般来说，无论一个人的说谎技术如何高明，为了掩盖谎言，他都会无意中做出一些小动作，因此，善于观察的人，光看一个人的动作就可以断定对方的诚伪。

心理策略

聪明的人在识人察人方面不会只听对方的语言，而是还会观其动作、眼神，懂得从细微处揣度对方，以此来确定自己的交往策略。

危难时刻的表现方显真本事

现今社会，人才对于企业的作用不言而喻，所以企业的领导者无不把“如何用好人”当作头等大事来抓。苹果公司创始人乔布斯说，他花了半辈子时间才充分意识到人才的价值。他在一次讲话中说：“我过去常常认为一位出色的人才能顶2名平庸的员工，现在我认为能顶50名。”在乔布斯看来，他把四分之一的时间用来招募人才是合理的，因为苹果公司需要有创意的人才。同样，高级管理人员往往能更有效地向人才介绍本公司的远景目标。而对于新成立的富有活力的公司来说，其创建者通常在挑选职员时十分仔细，老板亲临招聘现场。

对此，清末大将曾国藩认为在平常状态下，是看不出一个人的本质的，而求才，就千万不要被表面现象迷惑，所以他强调一定要学会在危难情况下，暗中观察人才，用这种方法来鉴别人才。而曾国藩自身也是在满清朝廷危难之际，大开幕府，以自己的门生故旧为官,成为独霸一方的封疆大吏。

因此，我们不但要重视人才的量，更要重视人才的质。

20世纪80年代，美国有一家著名的机械制造公司叫维斯卡亚公司，这家公司生产的产品远销全世界，它代表着当今重型机械制造业的最高水平。很多毕业生都到这家公司求职，但都被无情地拒绝了，因为该公司的高技术人员爆满。但丰厚的待遇和令人羡慕的社会地位还是让很多人削尖了脑袋前来求职。

这群求职者里有个叫史蒂芬的人，他是哈佛大学机械制造专业的高材生。和许多人的命运一样，在该公司每年一次的用人测试会上被拒绝。史蒂芬并没有死心，他发誓一定要进入维斯卡亚重型机械制造公司。于是，他决定先“混”进这家公司再说。他先找到公司人事部负责人，提出只要能让他在这家公司工作，哪怕不计报酬，并且一定能完成公司安排给他的任何工作。这位负责人，起初觉得这简直不可思议，但考虑到不用任何花费，在利益的引诱下，这位负责人便答应了，并安排他去车间扫废铁屑。

这份工作是没有报酬的，但史蒂芬还得养活自己，于是，整整一年的时间，他白天在公司勤勤恳恳地工作，晚上还得去酒吧打工。

令史蒂芬失望的是，虽然他得到了所有同事和负责人的认同和好感，但公司却并没有提及正式录用他的事。但机会很快来了。那是20世纪90年代初，公司的许多订单纷纷被退回，理由均是产品质量问题，为此公司蒙受了巨大的损失。公司董事会为了挽救颓势，紧急召开会议商议对策。当会议进行很长时间却未见眉目时，史蒂芬果断地闯入会议室，提出要见总经理。

在会上，史蒂芬慷慨陈词，对公司出现这一问题的原因作出了令人信服的解释，并且就工程技术上的问题提出了自己的看法，随后拿出了自己对产品的改造设计图。这个设计非常先进，恰到好处地保留了原来机械的优点，同时克服了已出现的弊病。总经理及董事会的董事见到这个编外清洁工如此精明在行，便询问了他的背景以及现状，而后，史蒂芬被聘为公司负责生产技术问题的副总经理。

原来，史蒂芬采取的是退而求其次的办法，当他被拒绝后，他想方设法留在这家公司，是为了更彻底地了解这家公司。于是，他在做清扫工时，利用清扫工到处走动的特点，细心察看了整个公司各部门的生产情况，并一一作了详细记录，发现了存在的技术性问题并想出了解决的办法。为此，他花了近一年的时间搞设计，获得了大量的统计数据，为会上的出色表现奠定了基础。

史蒂芬为什么能一举成功，让公司高层领导对其能力加以肯定并由一名小小的清洁工成功晋升为技术问题副总经理，原因很简单，他懂得厚积薄发，伺机而动，在该公司没有人敢承担这个任务的时候他主动请缨，以自己过硬的专业知识解决了这项技术问题。

这里，我们也可以从管理者的角度来看，管理者在选用人才时，可以通过观察其在危难时刻的表现来判断其能力。为此，作为领导者，不可端着架子，而应该深入求职者和员工当中，与他们进行面对面的交谈，了解他们，这样，才能从专业知识、能力等方面对他们进行全面系统的考核。

很多领导狭隘的认为，网罗人才的渠道就是招聘，实际上，很多熟识公司业务的底层员工同样可以是公司最紧缺的人才。领导者深入基层的调查，不仅避免了过去招聘过程中的某些失误，同时也简化了筛选过程，节省了人力物力，特别是节省了宝贵的时间。

久负盛名的沃顿商学院负责职业开发的安德鲁·亚当斯说：“公司不能只是在口头上说引进人才多么重要，却又不采取实际行动。公司的高级主管应当参与人才招聘活动。”

另外，与人才直接沟通，能让对方从心理上感到一种满意和欣慰，这对消除他们对老板的心理障碍大有好处。而最重要的是，这能帮助我们间接地了解人才的真实实力。

心理策略

我们应该把为企业网罗一流的人才列入自己的工作日程中，但选用人才，应该看其在危难时刻的表现，只有能力挽狂澜的人才有真正的本事。

从眼神中看其品性能力

我们都知道，在人类的感觉器官中，眼睛是最重要的器官之一。科学家经过研究证实，人类有80%的知识都是通过眼睛观察得到的。眼睛不仅可以读书认字、看图赏画、欣赏美景、观察人物，还可以辨别不同的色彩和光线，然后将这些视觉、形象转变成神经信号，传送给大脑，从而增强人类的记忆能力。

人们常说，眼睛是心灵的窗户。灵魂储藏在你的心中，闪动在你的眼里。孟子在《离娄章句上》中有一段观察人的眼神来判断人心善恶的论述："存乎人者，莫良于眸子。眸子不能掩其恶。胸中正，则眸子嘹焉；胸中不正，则眸子眊（眼睛昏花）焉。听其言也，观其眸子，人焉廋（藏匿）哉？"眼神毫不掩饰地展现了一个人的学识、品性、情操、性格等。戏剧表演家、舞蹈演员、画家、文学家、诗人都着意研究人们的眼睛，认为它是灵魂的一面无情的镜子。

在交流过程中，眼睛是仅次于语言的重要工具。人与人之间除了需要语言的交流，眼神的交流也必不可少。在人类的面部表情中，眼神是最为微妙复杂的，不管是用眼神表达信息，还是准确地理解别人的眼神所表达出来的信息，都非常困难。很多时候，眼神是无法掩饰的，因此往往更能真实地表达出一个人的品质、修养以及心理状态。如果能够充分地理解别人的眼神所表达的意思，那么你就能够觉察到对方真实的内心世界，从而更好地与之交流。

曾国藩以其善于识人而闻名，在他识人察人的过程中，常常使用的方法就是观察对方的目光眼神，我们先来看看下面的故事：

一天，曾国藩的得意门生李鸿章带了三个人拜见曾国藩，希望曾国藩能给予这三人一官半职，不巧的是，当时曾国藩并未在府中，仆人说曾国藩出去散步了。李鸿章便让这三人在厅堂等候，自己进了里面的房间。

不久，曾国藩散步回来了，李鸿章向恩师表明来意，希望恩师能考察这三个人。曾国藩摇手笑言："不必了，面向厅门，站在左边的那位是个忠厚人，办事

小心谨慎，让人放心，可派他做后勤供应一类的工作；中间那位是个阴奉阳违，两面三刀的人，不值得信任，只宜分派一些无足轻重的工作，担不得大任；右边那位是个将才，可独当一面，将大有作为，应予重用。”

李鸿章很是惊奇，问：“老师，您还没与他们交谈过，是怎样看出来的呢?”曾国藩笑着说：“刚才散步回来，我看到了这三个人，然后注意看了下，站在最左边的那个人目光低垂、为人谨慎，做事想必小心翼翼，应该能胜任后勤供应类的工作，这份工作无需创新精神，只要他能踏实本分就可以了。而中间那人，表面上恭恭敬敬，可等我走过之后，就左顾右盼，神色不端，可见是个阳奉阴违，机巧狡诈之辈，断断不可重用。右边那位，始终挺拔而立，器宇轩昂，目光凛然，不卑不亢，是一位大将之才，将来成就不在你我之下。”

当然，曾国藩只是初次判断，所以第二天他准备再邀请这三人共进午餐，一番交谈之后曾国藩让仆人端上来四碗汤圆，曾国藩与大家一边谈话一边吃汤圆，吃完后，他突然问在座的三人：“诸位，可有人记得刚刚碗里一共有多少个汤圆?”瞬时众人皆目瞪口呆，唯有一人回答：“八个”，曾国藩欣然一笑，回答之人正是他昨天所见并断言有大将之才的人。

那位“大将之才”，便是日后立下赫赫战功并官至台湾巡抚的淮军勇将刘铭传。

从曾国藩的识人方法中，我们发现，观察一个人的目光眼神能大致判断出此人的品性能力。实际上，眼神中的信息还有很多。要知道，人类是一种视觉动物，眼睛能为人类获取90%的信息，同时也是传达信息的重要途径，除了语言、表情、动作以外，从人的视线中也能获得很多非常重要的信息，可以从中分析对方的心理。

那么，不同的眼神有哪些不同的含义呢？下面，让我们一起来学习学习。

1. 眼神能反映一个人的自信程度

一般来说，自卑的人，眼神往往躲躲闪闪，很难长久地注视别人，一旦发现别人在注视他，就会将视线突然移开；性格内向的人，无法将视线集中在对方身

上，即使偶然看对方一眼，也是一闪而过，这种人往往不善交际；相反，那些自信的人，他们的眼神是笃定的，坚定不移的。

2. 眼神能反映一个人的专心程度

三心二意的人，听别人讲话时一边点头，一边左顾右盼，从来不把视线集中在谈话者身上，这说明听话的人对说话的人以及说话人所说的话题不感兴趣。凝神倾听的人，总是将视线集中在对方的眼部和面部，以表示对对方的尊重和理解；心不在焉的人，注意力集中在自己正在干的事情上，非但不看对方说话，而且反应冷淡。

3. 眼神能反映一个人的情感

如果两个人彼此心存好感，那么说话的时候往往喜欢注视对方的眼睛，以达到眼神的沟通、心灵的交流；相反，如果两个人话不投机，就会尽量避免注视对方的目光，以消除不快。此外，漠视的眼神给人一种拒人于千里之外的感觉，还有一种轻蔑的意思在里面；眯视也是不太友好的语言，给人一种睥睨和傲视的感觉。

4. 眼神能透露出对方的精神状态

一个健康、精力充沛的人的眼睛通常明亮有力，眼睛转动灵活机警，眼光清晰、水分充足；

一个疲劳的人眼睛就会显得乏力无味、目光呆滞、眼光混浊；

一个乐观的人眼睛通常充满笑容，善意十足；

一个消极的人往往眼睛下拉，不敢正视别人的眼光。

心理策略

在人际交往中，眼神的交流作用非常重要。因为眼神是无法掩饰的，往往更能真实地表达出一个人的品质、修养以及心理状态。如果能够充分地理解别人的眼神所表达的意思，那么你就能够觉察到对方真实的内心世界，从而更好地与之交流。

第02章

选才用人，用人得当的心理策略

曾国藩认为，人才是决定的因素。曾国藩的一生就是识人用人，爱才聚才的一生。通过门徒、幕僚、学生去推行他的政治思想和抱负，利用群体的力量完成自己想做的事。同样，现代社会，人才已经成为企业的核心竞争力，因此，在管理模式上，出现了由『以物为中心』向『以人为中心』转变的人本管理，它要求理解人、尊重人、充分发挥人的主动性和积极性。这是每一位企业领导者都应当明白的道理。因此，在人才管理上，领导者必须重视人才，以为企业网罗一流人才为己任，并遵循一定的选才用人的标准，要从心理角度出发，做到人尽其用，让每一个人才都能在自己的岗位上发挥自己的价值！

曾国藩的用人原则与标准

现代社会，无论是企业还是事业单位的管理者，都希望能为组织招到最有用的人才，任何一家企业都应把网罗一流人才当成企业生存与发展的根本大计。而企业管理者都有各自的用人原则和方法。清末大将曾国藩则指出了四条用人的原则与标准——讲信用、无官气、有条理、少大话。接下来，我们就这几点进行分析。

不过，这四点只是针对一般情况而言的，无论是文官还是武将，这四点只是一般用人标准，对于那些要害部门和职位，仅有这四点是不够的。

为此，曾国藩提出了一条更高的用人标准，他将这一标准命名为“上上之选”，那么，这个最高标准是什么呢？曾国藩用了四个字——“忠义血性”。

在先秦之前，“忠”与“义”这两个字是两个完全独立的概念，所谓“忠”，是指尽心尽力为人办事，不分办事对象，这是儒家的概念，所以才有了《论语·学而》中的：“为人谋而不忠乎？”，还有《孟子·滕文公》中的“教人以善谓之忠”；而“义”指的是办事准确，这涵盖了一切的人际关系，比如，在《孟子·梁惠王》中有“子谓子产，有君子之道四焉……其使民也义”，还有《论语·述而》中的“不义而富贵，与我如浮云”等。

而到后来，“忠”的含义更多表达的是为人忠诚，尤其是对上级、国家的忠诚，要精忠报国，而“义”也逐渐演变成侠义、行侠仗义的含义。

血性，是忠义赤诚的性格。一般而言，有血性的人疾恶如仇，敢说敢做，敢作敢为，不向邪恶势力低头。尤其是当别人有危难时能够挺身而出，而丝毫不顾及个人得失。

曾国藩提出，在选人时，忠义血性才是最重要的标准，具备这一特点的人才是最好的人才，也就是说，做人要有责任心、有担当，也要有激情、热情，不能虎头蛇尾，这才是最好的人才。

所以说，对于曾国藩的忠义血性来说，“忠”是对一个组织而言的；“义”是对个人而言的；“血性”是有激情，有担当，敢作敢为。曾国藩挑选的接班人也好，重点提拔的人也罢，都是从“忠义血性”这个视角去选择的。

曾国藩提出，从表面上看，如果一个人具备了四条标准，但不具备忠义血性，则不是最好的人才。但如果一个人具备了忠义血性，即使前面的四条只具备三条、两条或一条，也能够逐渐地将四条都具备了。相反，一个不具备忠义血性的人才，即使具备前面的四条，在重大、关键的时候，还是不可靠。所以曾国藩说，忠义血性是上上之选。

事实上，曾国藩带领的湘军，最大的特点就是无官气而有血性。若官气增一分，血性必减一分。若打仗能出则向前，入则殿后，此一端已有可为统领之质。又有血性而不忘本，有诚意而不扰民，若加意培养磨炼，将来或可成大器也。

而忠义血性大多具有朴实廉介的特点。因此曾国藩又延伸了他的用人思想，指出：大概观察人的办法，以朴实廉介为本质，有这样的品质再加上特殊才能，就是最可贵的。如果没有品质，就是有长处也是靠不住的。“甘受和，白受采”，古人所说的人无本不立，其意义就在于此。方宗诚观察到，曾国藩“平日取人，皆诚朴厚重一流，而不喜才华浮薄者。若德行文学之儒，则奉为上宾，出入谈论而不肯烦以吏事”。

曾国藩后又提出一个具体入手之处——检验人才能不能胜任，将来有没有发展前途的“五到”，这也是他经常挂在口头上的一句话。他说，办事情，人才要以“五到”为要。这“五到”分别是身到、心到、眼到、手到和口到。

所谓“身到”，曾国藩指的是，无论文武官，都有身到的要求，也就是现代社会我们常说的领导要下基层，如果不与群众沟通交流的领导，就不是好领导。曾国藩说，文官一定要“亲巡乡里”，身为父母官，更要去每一个乡，每一个州县去走走看看，以体察民情。而如果是武将，也要做到“亲巡营垒”，若想探清敌方，更要身临一线。

所谓“心到”，指的是要用心分析，找到事情的条理，包括大条理、小条理、始条理和终条理。曾国藩曾说：“理其绪而分之，又比其类而合之。”

所谓“眼到”主要是认真看公牍，着意看人，留心看人，看他是哪方面的人才。因为包括国家所有的大政方针都是通过官方文件下发的，公牍里面体现出一些政策上潜在的重大趋向。

所谓“手到”就是每天去做，要养成随手记录的习惯，俗话说，好记忆不如烂笔头。曾国藩一生留下许多日记，他随手记的文字非常多。

关于“口到”，曾国藩说，对于上司交代的事，不能只凭一纸公文就完事，还要与下属多沟通，要让下属真正理解和体会你的想法和思路，并监督其完成。

心理策略

按照曾国藩的观点，如果一个人做到了讲信用、无官气、有条理、少大话，同时具备忠义血性的特点，再加上做到了“五到”，那么，此人一定是值得任用的人才。

任人唯贤，唯才是举

古今中外，治国也好，治企也罢，得人心者得天下，失人心者失天下，这是一个谁也否认不了的真理。我们常说，21世纪，各个行业的竞争，实质就是人才的竞争。的确，管理之道，唯在用人。人才就是效率，人才就是财富。杰出的领导者应善于识别和运用人才。只有做到唯贤是举，唯才是用，才能在激烈的社会竞争中战无不胜。

曾国藩曾说：“求人才至难，当如鹰隼击物，不得不休”，曾国藩把求人才比成苍鹰猎物，一定要捕猎到才能罢休，可见曾国藩对人才是多么的重视。

在辨析人才方面，曾国藩一直有自己的见解，这一点，也为左宗棠做认可。在晚清朝廷中，曾国藩很有名，一些读书人宁愿到曾国藩的幕府中，追随曾国藩，也不愿意到腐败的朝廷为官，这是因为他们深知，曾国藩一定会推荐能人志士为官为将，而另外一个方面，他们也是为曾国藩的人格魅力所吸引。

事实也证明，曾国藩所选用的人才也都是真正有才华的，他聘用人才，都是任人唯贤，而不是任人唯亲。

现代社会，不少企事业的管理者也吸取了曾国藩的选人经验，不仅认识到了人才的重要性，更为企事业募集到了大批人才，使企业走向成功。

号称日本两大百货公司之一的大荣百货公司创建于1957年。初创时的大荣公司只是大阪的一家小百货店，职工13人，后来扩展到经营糖果、饼干等食品和百货。大荣公司的经营决策是：重视对人才的培养。还提出了“企业生存的最大课题就是培养人才”。

现代企业的管理者也应该以选用和培养人才为管理范本，重视人才的吸取和培养。电影《天下无贼》里黎叔有一句经典对白：“21世纪什么最贵？人才！”的确，如果修长城，人才就是基石；如果建大厦，人才就是栋梁；如果搞企业，人才就是成功的保证。如果想把企业做大，不想当一个小作坊主，那就必须重视人才。无论干什么事业，人才都是成功的保障。我们再来看刘邦关于用人的经验之谈。

一统天下之后的刘邦，建立了汉室江山，已经高高在上的他一时兴起，大宴群臣，在宴会上，他乘着酒兴，问群臣：“你们知道我为什么能够夺取天下，而项羽那么多军队却失去了天下吗？”

这一问题一直是众大臣谈论的焦点，但似乎没有谁能得出定论，于是，大家开始七嘴八舌地讨论起来。

此时，有大臣答道：“您治军严厉，甚至苛刻；项羽太讲仁义了。”

有的说："您最大的特点，是有功者赏，有罪者罚；而项羽忌贤妒能，有功者害之，贤能者疑之。这就是您得天下而项羽失天下的原因。"

刘邦笑了，说："你们只知其一，不知其二。我之所以能夺取天下，主要是因为我善于识人用人。要说运筹帷幄之中，决胜千里之外，我不如张良；管理国家，安抚百姓，做好军队的后勤保障工作，我不如萧何；统帅百万之众，战必胜，攻必取，我不如韩信。这三个人是人中之杰，我能大胆地使用他们；而项羽有一个范增却不能用，这就是我能夺取天下，而项羽失去天下的原因啊。"

从刘邦的这一番话中，我们不难理解，他之所以打败拥有百万雄师的项羽成为一国之君，是因为他善于用人。作为领导者，实际上，并不一定要有很深的专业技能知识，而是要有一定的才能，尤其是如何识人用人的才能。刘邦与项羽，一个是混于市井之人，一个出身于官宦之家，一个不爱诗书，一个饱读诗书，表面上看，项羽占有了全部的优势，刘邦处于弱势，但最终却是刘邦一统天下，项羽垓下自刎。这中间的主要原因之一，我们归结起来，便是刘邦善于用人，精通识人之术，而项羽不会识人用人，最后只好演出了一场《霸王别姬》了事。

同样，纵观当今社会，各个领域，曾经叱咤风云的很多企业，为何都是昙花一现，很快就消失了呢？这里，我们可以发现，成功的企业，他们都有着雷同的成功经验，但对于失败的企业，却各有各的原因，但有一点，是共同的，那就是用人上的失败。在竞争激烈的现代社会，我们细细分析那些成功的企业的足迹，不难发现，他们也是选人用人上的成功，一批批能力突出、德行俱佳的人才为他们的事业添砖加瓦，才让企业长盛不衰。

因此，在企业的发展中，设备条件的提高远远没有员工素质的提高重要。要提高员工的素质，就要随时随地开展员工教育与培训工作，启发员工的思想，更新员工的技术。人才建设是任何一个企业生存、发展的重中之重，没有了人才，一切都无从谈起，因此，对人才的培养事关企业的成败。

那么，具体来说，领导者该如何识人用人、培养人才呢？

一是创造良好的学习环境。二是建立完善的培训制度。三是与著名高校合作，共同培养人才。这样能有效提高专业技术人员的业务水平，提高企业开拓国际市场的能力。

心理策略

“千军易得，一将难求”，人才的培养是决定企业生存和发展的命脉，企业的发达，乃人才的发达；人才的繁荣，即企业的繁荣。人才建设是任何一个企业生存、发展的重中之重，没有了人才，一切都无从谈起，因此，对人才的培养事关企业的成败！

选用人才，不拘一格

我们都知道，现代社会的竞争，其实质就是人才的竞争。一个国家如此，企业亦然。如何科学、合理、有效地唯才是用，是摆在企业各级领导面前的首要难题。然而，任何一家企业里没有无用的人才。选用人才要量才为用，不拘一格。

曾国藩曾说：“世人聪明才力，不甚相悬，此暗则彼明，此长则彼短，在用人者审量其宜而已。山不能为大匠别生奇木，天亦不能为贤主更出异人”在笔记《才用》篇中，曾国藩进一步指出：“虽有贤才，苟不适于用，不逮庸流，……当其时，当其事，则凡才亦才亦奏神奇之效，否则龃龉而终无所成。故世不患无才，患用才者不能器使适宜也。”

因此，曾国藩不拘一格降人才，“凡于兵事、饷事、吏事、文事有一长者，无不优加奖借，量材录用。”长此以往，使得他帐下军事型的、谋划型的、经济型的、技术型的人才应有尽有，其势如日中天，前无古人，登峰造极。

英国管理学家E. 特雷默也曾提出一点：每个人的才华虽然高低不同，但一定是各有长短，因此在选拔人才时要看重的是他的优点而不是缺点，利用个人特有的才能再委以相应责任，使各安其职，这样才会使诸方矛盾趋于平衡。否则，职位与才华不能适合，使应有的能力发挥不出，彼此之间互不信服，势必造成冲突的加剧。在一个团队中，每个人各有所长，但更重要的是领导者能将这些人依其专长安排到最适当的职位，使其能够发挥自己所长，进而让整个企业繁荣强盛。我们先来看这样一则故事。

大唐的文武百官中，有一个叫王珐的人，很受唐太宗重视。一次，宴会上，唐太宗一时兴起，便问了王珐这样一个问题："大家都知道你王珐是个很善于鉴别人才的人，今天，你就不不妨从房玄龄开始，对朕身边的人才进行一番评论吧，看看他们有什么优点，又有哪些做的不足的地方。"

王珐回答说："一心为国为民、国家人民之事无论大小都孜孜不倦地办理，在这方面我比不上房玄龄。常常直言进谏、认为皇上能力德行比不上尧舜很丢面子，这方面我比不上魏征。文武双全，既能进入朝廷担任一朝宰相，又能在外带兵打仗，在这方面，我比不上李靖。向皇上报告国家公务，详细明了，宣布皇上的命令或者转达下属官员的汇报，能坚持做到公平公正，在这方面我不如温彦博。处理繁重的事务，解决难题，办事井井有条，这方面我也比不上戴胄。至于批评贪官污吏，表扬清正廉署，疾恶如仇，好善喜乐，这方面比起其他几位能人来说，我也有一技之长。"

唐太宗非常赞同他的话，而大臣们也认为王珐完全道出了他们的心声，都说这些评论是正确的。

从王珐的评论中，我们可以看出唐太宗的团队中，每个人各有所长；但更重要的是唐太宗能将这些人依其专长放到最适当的职位，使其能够发挥自己所长，进而让整个国家繁荣强盛。

"哈佛"有句名言：只有无能的管理，没有无用的人才。要实现"人尽其才，才尽其用"，从事管理工作的企业领导必须努力成为善于开发人才资源的工程师。但同时，我们都知道，人无完人，每个人都有自己的缺点，但也有自己的优势，作为企业领导，如果看不到一个人的优点而将其列入"无能者"的行列，这就犯了企业用人中以短掩长之大忌。“一叶障目，不见泰山”，就不可能达到企业人力资源的最有效配置，为企业创造新高奠定最为稳固可靠的基础。只有做到用人之前先识人，从能力、个性、兴趣、经验等几个指标全面考察拟用人才，在此基础上，因人定岗，合理安排人才的岗位。

适才适岗是企业用人的最高原则。何谓“适才适岗”，就是将合适的人才安排到合适的岗位上去。而实际情况是当用人者为企业的一些岗位物色人选时总是竭尽所能、左挑右选，最终还是免不了留下遗憾。其实企业内并非所有的职位都得由优秀人才来担当。应该说企业是为合适的岗位寻找合适的人才，也即是寻找一种合适度。

那么，企业领导该如何寻找这种合适度呢？

1. 了解自己员工的长处和不足

要想充分发挥员工在企业中的效用，就必须先对员工进行一番了解，做到量体裁衣。而领导者若想知道员工有哪些特长、哪些不足，就是通过他们的履历表获得。因此，要想清楚员工的特长，领导者应制定一份员工专长表。这样就会了解手下有哪些可供利用的人力资源。一旦有了新的任务，领导者就能够很容易地决定谁是最合适的人选。

2. 要充分发挥员工的优点

在用人时充分发挥员工的优点，有利于提高执行的效率。同时，发挥优点也就意味着要避开劣势。如果从人的长处着眼，为使用对象提供和创造良好的条件，让他的长处得以充分地发挥，那么这个人日益增长的优势就会抵消不足的影响，或者填补不足的缺陷，或者抑制不足的劣势。

3. 要让每位员工都觉得自己很重要

当一个员工感到自己很重要，是企业不可或缺的一部分时，就会增加企业的主人翁感，因为他在这里得到了尊敬和关怀。

在工作中，如果领导者们能使员工处处感受到尊严、被人尊重，那么，他们就会产生这样的温馨感觉：我很重要，对于企业是不可缺少的；领导既然这样尊

重我，我就应该为企业努力工作。当然，如果让员工感受到自己很重要，还需要每一个领导研究人际关系学。

4. 适时升迁，使员工更加努力

任何一个员工，如果一直在同一个职位任职而没有升迁的机会的话，都会对工作失去积极性，因此，适时地提升员工，最能激励士气，也将带动其他同人的努力。提升员工职位，应以员工的才能高低作为主要标准，年资和考绩应列为辅助标准。

心理策略

世上没有尽善尽美的人，每个人都有不足和优点，选用一个人，主要是使他发挥自己的优点；至于他的不足，只要不影响到工作，不影响到别人发挥积极性，就不要过严。企业管理人员的任务是寻找员工的优点，在使用过程中，要使人尽其所长。

选人用人，德才并重

在《曾文正公全集》中有这样一段话："余谓德与才，不可偏重。譬之于水，德在润在，才即其载物溉田之用；譬之于木，德在曲直。才即其舟楫栋梁之用。德若水之源，才即其波澜；德若木之根，才即其枝叶。德而无才以辅之，则近于愚人；才而无德以主之，则近于小人。世人多不甘以愚人自居，故自命每愿为有才者，世人多不欲与小人为缘，故观人每好取有德者。大较然也。二者既不可兼，与其无德而近于小人，毋宁无才而近于愚人。自修之方，观人之术，皆以此为冲可矣。"

在这段文字中，曾国藩在谈论了他对德才之间相互关系的看法——德好比是水的根源，而才好比是水的波澜。水无根不流，无波不兴。所以，曾国藩认为，选人用人，都要德才并重。

曾国藩认为，选人用人，重在德，德才不可偏废，曾国藩也一直以这一标准来选拔人才。他认为，对于人才的道德标准，大致可以归结为三点：朴实、无私、忠诚，落实到具体行为中，他又提出了四种德行准则：勤、恕、廉、明。曾国藩认为，一个品德不好的人，即使才华再出众，也有可能会做出违背伦理纲常的事，是不能被重用的。

事实上，现代社会，我们依然看到不少领域的人运用这一思想——“德才并重”“教育为先”来挑选人才。各大企事业的管理者不但注重对员工进行德操教育，更把德行作为聘用人才的第一标准。

一个企业管理者说：“如果你能真正地钉好一枚纽扣，这应该比你缝制出一件粗制的衣服更有价值。”这就是一个人的德操在工作中的重要性。无论自己的工作是什么，重要的是你是否做好了你的工作。

我们再来看下面一个故事：

爱丽丝和琼是某古董店的店员。她们不仅仅是工作上的好伙伴，还是生活中的好朋友。她们工作一直都很认真，也很卖力。古董店的老板对自己手下这两名员工都很满意，然而一件事却改变了两个人的命运。

一次，爱丽丝和琼要负责把一件名贵古董送到码头，出发前，老板反复叮嘱他们要小心。没想到，送货车开到半路却坏了。于是，她们决定，赶紧找个出租车。

幸好，她们赶到码头，时间还早，这时候，爱丽丝先下车，她让琼帮住她把古董从车上卸下来。琼这时候心里在想，如果客户能将护送古董的事告诉老板，说不定还会给我加薪呢。她只顾想，当爱丽丝把古董递给她的时候，她却没接住，古董掉在了地上，“哗啦”一声，古董碎了。

“你怎么搞的，我没接你就放手。”琼大喊。“你明明伸出手了，我递给你，是你没接住。”爱丽丝辩解道。

爱丽丝和琼都知道，古董打碎了意味着什么。没了工作不说，可能还要背负着沉重的债务。果然，老板对她俩进行了严厉的批评。

“老板，不是我的错，是爱丽丝不小心弄坏的。”琼趁着爱丽丝不注意，偷偷来到老板的办公室，对老板说。老板平静地说：“谢谢你琼，我知道了。”

随后，老板把爱丽丝叫到了办公室。“爱丽丝，到底怎么回事？”爱丽丝就把事情的原委告诉了老板，最后爱丽丝说：“这件事情是我们的失职，我愿意承担责任。另外，琼的家境不太好，如果可能的话，她的责任我也来承担。我一定会弥补上我们的损失的。”

爱丽丝和琼一直等待处理的结果，但是结果很出乎他们俩的意料。

老板把爱丽丝和琼叫到了办公室。老板对她俩说：“公司一直对你俩很器重，想从你们俩当中选择一个人担任客户部经理，没想到却出了这样一件事情，不过也好，这会让我们更清楚哪一个人是合适的人选。”琼暗喜，“一定是我了”。

“我们决定请爱丽丝担任公司的客户部经理，因为，一个能够勇于承担责任的人是值得信任的。爱丽丝，用你赚的钱来偿还客户。琼，你自己想办法偿还给客户，对了，你明天不用来上班了。”

“老板，为什么？”琼问。

“其实，古董的主人已经看见了你俩在递接古董时的动作，他跟我说了他看见的事实。还有，我也看到了问题出现后你们两个人的反应。”老板最后说。

的确，任何一个领导者都清楚，能够勇于承担责任的员工，对于企业的意义。问题出现后，推诿责任或者找借口，都不能掩饰一个人责任感的匮乏。

的确，我们发现，那些有“德”的人，在工作中出现失误的时候，不会给自己找理由推脱，相反，那些责任心不强的人则会为自己推诿责任、搪塞敷衍，找借口为自己开脱。

其实，人难免有疏忽的时候，没有谁能做到尽善尽美，这是可以理解的。但是，如何对待已经出现的问题，就能看出一个人是否能够勇于承担责任。

可见，一个人的道德是才华的滋养剂，有充分的道德浸润，人的才华才如汩汩而出的泉水，永不衰竭，所以。选拔人才时，固然应该看重人才的知识才能，也就是用人以术，还应该看重人才的道德品质，也就是所谓的用人以道。

心理策略

道德品质是选用人才的第一标准，选用人才应该德才兼备，空有才华而无德之人最终无法站住脚。

将众人之力集合起来，方成大事

古人云："三个臭皮匠，赛过诸葛亮。"这句话是说，一个人的力量是有限的，而众人的合力可能就是惊人的。当然，要发挥众人合力的作用，团队成员必须做到人心所向，必须保证团队内部结构合理。同样，在现代企业中，管理团队的领导者们，在组织团队成员的时候，也要优化团队结构，从而集众人之力量发挥团队的最大力量。

关于这一点，清末大将曾国藩将其运用得淋漓尽致，在他的幕府中，无论何种类型的人才都应有尽有，因为他深知，对于国家大事，需要各种类型人才的参与，正因为如此，他获得了伯乐的美名，全国各地的人才也对其趋之若骛，甚至有很多人不愿意进入朝廷任官而愿意进入曾国藩的幕府。

同样在现代社会，没有人可以单枪匹马闯天下，合作是每一个人都必须学会的一项技能。而任何一个企业管理者，也都认识到了团队合作对于企业发展的重要性。俗话说，一个好汉三个帮，集体的智慧是无穷的，但合作的结果不一定是双赢，如果每个人都劲儿往一处使，最后就会产生出大于每个人力量的结果，反之，如果敷衍了事，不负责任，互相推诿，就会导致一事无成，甚至造成一些不必要的损失。这就像装在篓里的螃蟹一样，这些螃蟹之所以没有一只能够逃得性命，就是因为它们总是窝里斗，看不得他人出头。

成功学大师拿破仑·希尔曾认为，“集思广益”是人类最了不起的能耐，不但可以创造奇迹，开辟前所未有的新天地，还能激发人类最大的潜能。这方面成功的例子是绿茵场上的德国队：

德国球员就像军人，纪律严明，谨慎细致，不管是在落后、领先、僵持的各种情况下，总是保持着统一的基调，按部就班的寻找机会，不到最后一刻绝对不放弃比赛。英格兰前著名前锋莱因克尔曾说过：“足球就是11人对11人的运动，最后取得胜利的总是德国人”。荷兰教父克鲁依夫也这么说过：“都说荷兰飞人，但是真正能跑的是德国人，他们简直可以不停地以一个频率奔跑。” 这两位都曾经是德国队的有力对手。靠团队协调，德国队屡屡创造骄人战绩。

在一个出色的足球队中，每个球员并不一定都是最优秀的，但这个足球队的搭配和组合一定最优秀。管理企业也是同样的道理。如果不能保证每个员工的能力是最优秀的，但至少要保证所有的员工都是齐心合力的，企业这个有机体是协调的、顺畅的，而不能存在内耗，因为员工的不团结常常会抵消大部分人的功劳。最成功的管理者，不一定是最优秀的行业专家，但一定是最优秀的团队带头人和协调员。

然而，我们发现，在不少企业内部都有勾心斗角的现象，即“办公室政治”。甲今天说了几句不该说的话让乙很没面子，下次乙找个机会打甲的小报告，却被甲的朋友丙听见了，丙在工作中就故意使绊子，这样又无意中损害了丁的利益——这个打结的线团会越缠越大。“办公室政治”是引起内耗的主要原因，要消除这一现象，我们在培养团队合作能力时要注意。

1. 设定目标，明确分工

分工明确的好处在于，可以让团队中的每一个人都知道自己该做什么、要达到什么效果、完成任务的限定日期等，同样，还能避免工作过程中可能出现的人员闲置和资源浪费的问题。而作为领导者的你，如果还不知道如何分工才公平公正的话，你可以尝试给每一个任务都指定一个负责人，这是最简单的方法了。

2. 说话时多使用“我们”

作为领导者，你是团队的核心，说话、做事的方式都关乎到团队成员的工作情绪。因此，为了增强团队的凝聚力，你可以在说话的时候，多使用“我们”这个代词，不要使用我、你、他或者直呼姓名，同时，也要鼓励你的团队成员也这样做。

3. 鼓励团队成员多交流

作为团队核心人物，你需要拉动团队成员的交流，这种交流可以扩大到除了工作以外的时间，比如，你可以不时地安排一些聚会或者组织素质拓展训练，除此之外，一起吃饭，打打球，都是很好的加强团队成员间交流的方法。

千万不可小看这一点，团队成员日常生活中交流得如何，直接关系到他们在工作中的默契程度，如果平时他们之间就有默契的话，在工作时就容易出成绩。

4. 让每个人感觉到自己很重要

一个人一旦觉得自己不重要，往往会非常沮丧，从而失去激情，这会导致工作效率和创造力的显著下降。因此，你要让团队中的每一个人都感到自己很重要，这样他们做事才会更有成就感，也更有紧迫感。

心理策略

“人心齐，泰山移”，众人齐心协力更容易完成某件事，而身为团队的核心人物，一定要从全局角度把握整个团队方向，只有为团队营造和谐的氛围，才能真正发挥团队合作的优势作用！

第03章 以理服人，征服下属的心理策略

曾国藩素来以识人用人而闻名，他不仅网罗了当时一流的人才，还懂得如何教诲人才，最重要是因为他懂得以身作则，以诚待人，以理服人，从而让当时的幕僚们纷纷前来投奔。其实，现代社会的领导者也可以吸取其驾驭部下的方法。要知道，身处职场，任何一个领导者进行各项工作，离开下属的支持都是无法开展的。我们会发现，一些掌握了心理计策的领导总是能做得游刃有余。无论是批评指正下属的工作，还是为下属下达任务，甚至是激发下属积极性，他们都能赢得下属的支持，轻松取得工作的胜利。

因人而异，采取不同的手段

我们都知道，生活中，我们做的每一件事、说的每一句话，都不能是盲目的，都要做到因人而异，可以利用心理策略来认识他人，掌握对方的性格、内心需求和期望，我们做事的效率才会提高很多。同样，作为企业的领导者，在管理下属的过程中，也要“因材施教”，针对下属的不同性格采取不同的管理手段。

清末大将曾国藩是识人用人的高手，他选才有一套自己的方法。即“德为本质、才为功能；扩才识以待用；事须才而立；制胜之道，实在人而不在器，中兴在乎得人，不在乎得地。”曾国藩用人注重德才，不拘一格，因人而异，他的部下来自五湖四海，大才大用，小才小用。他礼贤下士，对于手下冗杂人员，也大胆裁汰。曾国藩用人也很讲究方式方法。他惯用的手段有四招。即“书信训饬，当面教诲；扬善于公庭，规过于私室；举天下之才会于一，乃可平天下；知人善任，陶熔造就”。

而在《曾文正公全集》中有这样一段话：“今日所当讲求，尤在用人一端。人才有转移之道，有培养之方，有考察之法，不必拘定一格，要使人人各得显其所长，去其所短。人才以陶冶而成。不可眼孔太高，动谓无人可用。”

这段话的含义是：“今天应当讲究的尤其是在用人。人才有潜移默化的方法，有培养之途，也有考察的方法。选用人才要不拘一格，用人要尽量发挥其所长，而抑其短处。人才是锻炼出来的，不要眼光太高，动不动就说没有可用的人才。”

历史翻过了100多年，曾国藩的用人之道并未过时，现代企业中的管理者们也应该学会这些精髓，从中得到管理下属的启迪，从而做好企业管理工作。

杜薇是刚毕业的一名学生，有幸的是，她应征上了一家大型公关公司的策划人职位，成为人们常羡慕的白领一族。

上班第一天，她带着谨慎来到公司，如她所料，办公室里果然是美女如云，站在人群中，杜薇突然有一种“丑小鸭”的感觉，正在想时，一个美女走过来，热情的冲杜薇打招呼，杜薇自然也是热情的回应，然后杜薇也打量了这位同事，颇有王熙凤的风范：一身很惹眼的名牌，而正当这位同事和自己说话时，她看到其他好几个同事都投来一个鄙夷的眼神，杜薇认识到这应该是一个不受欢迎并且爱表现的同事，这给自己敲了一个警钟：以后不要和这同事深交，否则不仅在职业上没有上升的空间，还得罪了所有人。

上班的第一天，根据自己的观察，杜薇把办公室的同事以及领导都划归为几个类型。并用不同的方式与他们每个人相处，果然，不到半年，她就在一片支持声中升职了。

现代社会的职场人士，除了要具备一定的职业能力外，还必须学会怎么和同事、上司相处，杜薇的聪明之处，就是于上班的第一天，弄清楚每个人不同的性格，给自己打了不同的预防针。

人是这个世界上最具智慧的一种动物。人能了解许多事物，却难了解人本身。难于捉摸的是人的心理、需求、欲望和个体特征。当然，人类也是聪明的，总是能找出各种方法来解决难题，曾国藩的用人策略告诉我们如何看透下属性格，告诉我们如何因人而异地管理下属。

的确，身处职场，管理下属，我们不仅要从大局着眼，还要心思细腻，与下属打好关系，具体来说，要求我们做到。

1. 培养自己的观察力，看透下属的性格

工作中，与下属沟通要具备一定的洞察力，一步到位看清对方的性格，比如，从难以伪装的习惯动作看出对方的心态，从被忽略的生活点滴推知对方的性格，这才能在最短的时间内，掌握下属的个性特征、知识和能力水平等。

现实生活中，有些人内心方正，有些人内心圆滑；有些人对外方正，有些人对外圆滑。从这个角度考察，人物呈现四种形态；内方外方，内方外圆，内圆外圆，内圆外方。和不同形态的交往，要用不同的交际之道。若对方性格直爽，便可以单刀直入；若对方性格迟缓，则要“慢工出细活”；若对方生性多疑，切忌处处表白，应该不动声色，使其疑惑自消。

2. 到什么山，唱什么歌

中国有句谚语说：“到什么山唱什么歌，见什么人说什么话。”大多数交际红人都深谙此道，所以才能在交际中左右逢源，大出风头。同样，管理下属，不同的人做事会有不同的习惯。因此，针对不同的人，我们应该采取不同的管理方式。

每个人，由于生活环境、接受的教育程度、性格、性别、社会地位等方面的不同，导致了他们所能接受的说话方式、语言习惯等也存在不同。因此，在管理中，一定要看清对象，因人而异。“见什么人说什么话，因人而异”是非常必要的，否则就会犯“对牛弹琴”的错误。

当然，管理工作中，我们也不能戴“有色眼镜”看人，一个人的内心，只有他们自己最清楚，我们不需要妄加评论。

心理策略

古人云：“知己知彼，百战百胜。”管理下属，我们想能轻松地达到自己的目的，就要先了解对方，曾国藩的用人方法能教会我们根据不同下属的性格、能力，实行不同的用人方法，从而帮助我们达到目的。

尊重和关心你的下属

现代企业里，领导者就是通过调动他人工作积极性来完成工作的人，领导者在企业中的位置就如同家长一样，而每一个员工就是家庭成员。一个家庭，只有做到“家和”，才能“万事兴”，同样，一个企业的发展，贵在人和。要人和，就离不开“暖意融融”的人文关怀。而作为企业的大家长，领导者只有正确把握好方式方法，坚持用真诚、平等、温暖的情怀去管理，才能让人感觉到春天般的希望，才能使全“家”上下具有共同的奋斗目标和价值追求，对家有强烈的归属感和认同感，对组织有充分的信任感和依托感。如此这般，才能人人心情舒畅，保持春天般积极向上的心态，齐心协力干事创业，进而推动企业繁荣发展。

的确，在倡导实施以人为本、尊重和关心员工为管理决策的今天，以强制手段来管理员工，是不能打开员工的心灵的，更不可能真正调动起员工的工作积极性。而领导者若也能使用温情去管理员工，让员工感受到你的亲和力，那么，员工的心会更贴近企业，更能增强对企业的凝聚力和向心力。

事实上，在中国古代，不少君主贤臣也早都认识到关心和尊重下属在管理团队中的重要性，以善于识人用人而出名的曾国藩就深谙这一点。

曾国藩告诉周围的朋友，希望他们能给自己多推荐人才，而在平时，他做的最多的一项工作就是发现和网罗人才。

曾国藩听说彭玉麟是贤德之士，但当时彭玉麟刚刚丧母，所以需要守孝，不肯出山。曾国藩三番五次写信请求他助自己一臂之力，希望他能为朝廷出一份力。后来，彭玉麟终于被他的情意打动，决定投奔他。

曾国藩认为，驾驭下属的方法，最重要的是推诚布公，而不是玩弄权术。诚心诚意地对待别人，渐渐地就能打动他人，让他人为我所用。即使不能让他们全心全意地为我效力，也必然不会有先亲近而后疏远的弊端。光用智谋和权术去笼络别人，即使是驾驭自己的朋友都是无法长久的。

同样，现代社会，凡是具有蓬勃生命力的企业，都有一套能让员工从内心自然接受的管理手段。在这一方面，松下公司的做法值得很多领导者效仿：

在松下，领导者处处关心员工，考虑职工利益，还给予职工工作的欢乐和精神上的安定感，与职工同甘共苦。

1930年初，世界经济不景气，日本经济大混乱，绝大多数厂家都裁员，降低工资，减产自保，百姓失业严重，生活毫无保障。松下公司也受到了极大伤害，销售额锐减，商品积压如山，资金周转不灵。这时，有的管理人员提出要裁员，缩小业务规模。

这时，因病在家休养的松下幸之助并没有这样做，而是毅然决定采取与其他厂家完全不同的做法：工人一个不减，生产实行半日制，工资按全天支付。与此同时，他要求全体员工利用闲暇时间去推销库存商品。松下公司的这一做法获得了全体员工的一致拥护，大家千方百计地推销商品，只用了不到3个月的时间就把积压商品推销一空，使松下公司顺利渡过了难关。

在松下的经营史上，曾有几次危机，但松下幸之助在困难中依然坚守信念，不忘民众的经营思想，使公司的凝聚力和抵御困难的能力大大增强，每次危机都在全体员工的奋力拼搏、共同努力下安全度过，松下幸之助也赢得了员工们的一致称颂。

从松下的管理经验中，我们看到了温情管理为员工营造了一种和谐的工作氛围，让员工感到了家的温馨，增进了企业内部的相互信任，增加了员工对公司的忠诚感。

因此，现代企业的管理者在对待员工时，要多点“人情味”，实行温情管理。所谓温情管理，是指企业领导要尊重员工、关心职员和信任下属，以员工为本，多点“人情味”，少点官架子，尽力解决员工工作、生活中的实际困难，使员工真正感受领导者给予的温暖，从而激发他们工作的积极性。为此，我们要做到。

1. 重视人的因素，尊重员工

企业领导者应该把员工当成企业的合作者，而不是制造利润、创造效益的工具，他们也应该受到尊重。

而尊重员工主要体现在对员工需求的满足程度上。领导者有必要合理地设计和实行新的员工管理体制，并将这种尊重员工的观念落实在企业的制度、领导方

式、员工的报酬等具体管理工作中。

2. 经常与员工交流，聆听员工的心声

有些领导者有强势作风，这对于果断、迅速地解决问题是有帮助的，但另一方面也会使管理人员听不进去他人意见而导致一意孤行甚至导致决策失误。

在管理工作中，领导者是否能倾听员工的心声也关系到员工积极性是否能被激发。可想而知，一个人的思想若出了问题，还怎么能卓越地完成任务呢？因此，作为管理者，要经常与员工沟通，一旦发现问题，就应耐心地去听取他的心声，找出问题的症结，解决他的问题或耐心开导，才能有助于管理目标的实现。

3. 信守每一个对员工许下的诺言

作为领导者，可能你日理万机，已经不记得曾经答应过某个员工某件事，或者你觉得这件事对于你来说根本不重要，但员工会记住管理者答应他们的每一件事。身为领导者，你的一言一行都会对他人产生或轻或重的影响，如果许下了诺言，就应该对之负责。如果你不能实现这一诺言，那你必须要向员工解释清楚。如果没有或者不明确地表达变化的原因，员工会认为管理者食言，如果这种情况经常发生的话，员工就会失去对你的信任。

4. 给员工发挥意见的机会

实际上，这也是领导者尊重员工的一种体现。你要把员工当成企业的一分子，在企业决策上，也应该征询他们的意见，倾听员工的疑问，并针对这些意见和疑问谈出自己的看法。如果你遇到了困难，那么，你应该告诉员工，你需要他的帮助。

5. 表彰奖励

这是员工工作态度、能力的一种显现。奖励员工能激发他们更积极的工作热情。但你需要注意的是，表彰奖励员工，必须是公开的，否则，很容易引起其他员工的猜忌，也不能起到它本身的效果。除了奖励标准需要公开，你的态度也应该是诚恳的，不要做得太过火，也不要巧言令色。奖励的时效也很重要，要多奖励刚刚发生的事情，而不是已经被遗忘的事情，否则会大大减弱奖励的影响力。

总之，要有效的调动员工的积极性和创造性，必须综合发挥以上几个方面的作用，才能取得良好的效果。

心理策略

尊重和关心下属和员工，能让员工在企业这个大家庭里感到，工作虽有压力，但更有动力、更有希望。虽有劳累，但不觉得心累，更充满工作的快乐感、幸福感和愉悦感。

恩威并重，宽严结合

作为职场的一分子，上司也需要与人打交道，尤其是与下属。毫无疑问，在维护其领导者形象中，树立领导者威信有着重要作用。在与下属沟通中，领导者不可随心所欲地交谈，不管是在什么场合，领导说出的话都要言之有物、言之成理。总的来说，上司要想获得下属的信服，就要做到恩威并用、宽严结合。因为领导与下属之间是一种权力等级差别的关系，只有恩威并用，才能维持这种关系，也才能树立在下属中的威信，从而获得信任和支持。

前面，我们提及过，曾国藩是个知人善任之人，在其培养的清末大将中，有个叫刘铭传的人，此人出生于淮北，身上带有一股粗犷豪放的气质。后来，在李鸿章的引荐下，曾国藩认识了刘铭传。

与刘铭传同期进入曾国藩幕府的人，还有个人叫陈国瑞的人，他是湖北人，少年时便加入了太平军，后来他投靠了蒙古王爷僧格林沁。曾国藩很快发现此人是难得的军事人才，有勇有谋、善于用兵。刘铭传与其在一起相处久了，就产生了矛盾，在军营里，两人还发生过两次械斗，让曾国藩很是苦恼。他一直在思考，希望能找到一条让二人和睦相处的方法。

曾国藩了解到，刘铭传也是个难得的将才，他所带领的铭军装备先进，战斗力强。曾国藩很快找到了一条降服刘铭传的方法。一次，刘铭传犯了错，曾国藩虽然也对其进行了批评，但却并未追究其过错，这让刘铭传心生敬畏而愿意追随曾国藩，也收敛了自己狂妄的个性。

而对于陈国瑞，曾国藩了解到，此人是因为佩服僧格林沁才投靠他的，要想让其彻底降服，一定要用一些方法。

一次，陈国瑞违反了军纪。曾国藩先是义正词严用这种极尽责难之能事，以灭掉他的嚣张气焰，然后趁机转移话题，开始夸赞陈国瑞身上的优点，当时，陈国瑞表现得对曾国藩十分服从，曾国藩满以为自己的目的达到了，但谁知道此人本性难改，一回到营中，便将曾国藩所说的话忘得一干二净。曾国藩一看对其进行劝谏不起作用，就向朝廷请旨，要求撤去其职位。此时的陈国瑞才意识到，曾国藩这次是来真的了，赶忙向其求饶。

从这一故事中，我们发现曾国藩的用人术果真非同一般，在对刘铭传和陈国瑞二人身上，软硬兼施、恩威并重的方法发挥得淋漓尽致。实践证明，这一方法确实有很强的实用性。一方面，这样做能收揽人心，另一方面可以起到震慑作用。只要这两方面能够恰当地结合起来，就会起到明显的效果，否则，这两名悍将是很难驯服的。当然，也正是因为曾国藩会识人用人，才带出了很多出色的将领。

作为企业的领导，如何运用恩威并用的心理策略来达到目的是关键问题，为此，领导者需要做到。

1. 要表现得平易近人

这样有助于拉近你和下属之间的关系，培养一种归属感。

2. 要表现出作为一个领导者的远大志向

这样，会使下属觉得跟随着你去奋斗是很有前途的。这样他们才有信心跟随你，拥护你。

英国前首相撒切尔夫人具有令世人称道的仪表和风度。她是20世纪后期国际上最具魅力的政治人物之一。而她引人入胜的演讲风格，更为她树立了很高的威信。她在上任后的第一次讲话中这样说道：

“我是继伟人之后担任保守党领袖的。这使我觉得自己很渺小。在我之前的领袖，都是赫赫有名的伟人。如：我们的领袖温斯顿·丘吉尔把英国的名字推上了自由世界历史的顶峰；安东尼·伊登为我们确立了可以建立起极大财富和民主的目标；哈罗德·麦克米伦使很多凌云壮志变成了每个公民伸手可及的现实；亚历克·道格拉斯·霍姆赢得了我们大家的爱戴和敬佩；爱德华·希思成功地为我们赢得了1970年大选的胜利，并于1973年英明地使我们加入了欧洲经济共同体。

在这段讲话中，撒切尔夫人列举了现代史上英国历任首相的功绩，以此来表明自己的任重道远和豪情壮志。职场领导在与下属谈话时，也要表现出自己的远大志向，让下属信服于你。

3. 要显出作为一个领导者应有的霸气

每位领导都应该有属于自己的威慑力，这样才能使得下属对你服从。这种霸气体现在领导的语言风格上应该是典雅庄重的。

下面以明朝的开国之君朱元璋为例，来看看什么是语言中的王者之气。

朱元璋当上皇帝后，经常会微服出巡。有一次，一行人马走到一个渡口等船渡江。正巧，一群赶考的举子们也在等船。举子们见渡船尚未到，就在江边吟诗作对，切磋文采打发时间。朱元璋觉得很有趣，便静静地站在一旁，听他们作诗。当日江边风景十分壮丽，万里长江滚滚东流，苍茫的群山在雾气中时隐时现，气势磅礴，偌大的采石矶屹立于江岸，伟岸之极。

一个年轻举子凝视着眼前的壮美河山，吟道：“采石矶兮一秤砣。”举子们听了都一致称赞道：“这个比喻很是大气。”朱元璋听了，笑着说道：“此句子的气魄如此之大，恐后难以为继啊！”大家听了一想，的确如此，把这么大的一座采石矶仅仅比作一个秤砣，那秤杆、秤钩可得是什么呀？即使勉强凑出这么大的秤，又去秤什么呢？大家面面相觑，不知如何作答。朱元璋见状大笑，说道：“我来试一下。”说完，便高声朗诵起来：

采石矶兮一秤砣，长虹作杆又如何？

天边弯月为勾挂，秤我江山有几多。

举子们听罢后个个都目瞪口呆，能做出如此气吞山河之气势的只可能是当今万岁，于是，举子们纷纷下跪拜见皇上。

这个故事中，我们可以看出一个领导很容易用语言表现出自己应有的气势来，而且这种表现在很多时候还是无意的。只要你有领导的威信，就会在语言中自然流露出领导者的气势。但要记住，有霸气并不是代表高高在上、盛气凌人。如果是那样的话很容易失去人心。

4. 语言干脆，当机立断

领导者的威信可以在平时的说话中得以体现。对于自己权限范围内可以决定的事，要当机立断，明确“拍板”。比如车间工人上班经常迟到早退，不听调配。对于这种违反纪律的行为就应果断决定“停止工作，等岗留用”。如果下属向领导请示某动员会议的布置及议程，领导认为没有问题，就可以用鼓励的语调委婉表达：“知道了，你看着办就行了。”这种表述既给了下属支持与鼓励，也给了下属行动的权力。

5. 要给予下属积极的刺激与激励

优秀的领导应该尽量表扬他的下属的才干和成就，要尽可能地把荣誉让给下级，常肯定下属的进步和优异表现，遏制自己的虚荣心。应该把自己摆在后面，这样下级就会为你尽心竭力，形成一种良性循环。

心理策略

作为领导者，不能一味地展现自己强势的一面，而是懂得恩威并用，既让对方感到你的威严，又能感到你的关怀和呵护，只有这样，才能获得下属的敬重和信任。

重视反对者的看法和意见

身处职场，我们不难发现一个现象：一个人际关系好的领导者在工作中总是能顺风顺水，这是因为他们总是能得到下属的支持。而那些人缘不好的领导在工作中总是处处犯难。很明显，能否与下属打好关系，是身为领导上司做事成功的关键点。而管理能力强的领导者在工作中最为重要的管理方法之一就是重视反对者的看法和意见，这样会让员工产生参与感和被重视感，认为自己也是企业的主人翁，从而愿意死心塌地。

清末大将曾国藩素来以善于识人用人而闻名，其实，曾国藩本人并不是足智多谋的人，但是精于算计，尤其善于吸收众人的智慧。曾国藩善于广纳群言，倾听幕僚的意见，博采众议，尤其是那些反对者的意见，而这不但让曾国藩成就了一大批清末将才，也成就了他自己。

人际交往的目的在于沟通，以此获得对方好感。沟通时，我们难免会听到反对的声音，而如何看待这些反对者的意见，不但决定了沟通的效果，也决定了做事的结果，更影响人际关系的和谐。善于倾听并认真处理反对意见的领导者，能快速与人达成共识，赢得认同。

甘云是一家私企老板，一直以来，她的企业都运营得不错，这主要是因为她善于听取员工的意见，总是能把员工对企业的不满及时消除，让员工敢说话、说真话。

比如，最近一个月，她发现员工的工作积极性降低了，对此，她召开了一次全体员工大会，让大家以无记名的方式将个人意见投到意见箱中。后来，当甘云当着众人的面打开这些意见条之后，她发现，原来公司大部分员工都对最近各级领导暗中实行的招聘方式很不满。对此，甘云事后进行了解，原来公司新进的一批员工都是有背景的。自此之后，为了消除员工的消极情绪，她在公司内实行了一次严格的新人考核制度，而大部分“关系户”都被刷下来了，剩下的一批精英最终也被员工接受了。

自此，甘云亲自在公司制定了一套“坚持制度选人与不拘一格相结合”的选人制度。

这里，我们不得不佩服甘云处理问题的方法。这里，如果她全部开除那些“关系户”、实行“一刀切”，自然会埋没某些人才；而全部留为己用，自然也无法让员工心服口服，于是，采用一套严格的考核制度不仅能为公司选到优秀的人才，还能及时消除公司内部的这一不和谐因素，可谓一举两得。另外，她采取的“坚持制度选人与不拘一格”相结合的选人制度，可以遏制和解决用人中的不公正现象和腐败行为，还突破了论资排辈等传统用人观的束缚。

相反，作为领导者，如果我们不听反对意见，难免刚愎自用，甚至做出错误的决策。我们再来看看下面一则寓言故事：

从前，有一位潜心布道的神父。

这天，他按照计划来到一个小村，走进了教堂，准备为这里的人祈祷。但突然天下起了大雨。不到几个小时的工夫，洪水就淹没了整个村庄，教堂也没有幸免。

他发现，洪水已经淹没了他的膝盖。村里的警察很快赶来了，并让他赶紧离开教堂，但神父却固执地说：“不，我不走！我坚信仁慈的上帝一定会来救我的，你先去救别人吧！”

过了一会儿，水越来越深了，已经淹到了神父的腰部，神父只好站在椅子上继续祈祷，这时，有几个救生员划着船在教堂外大喊“神父，赶快过来，我们救你走！”神父还是执着地说道：“不，我要坚守着我的教堂，相信慈悲的上帝一定会将我从洪水之中救出去的。你赶快先去救别人吧。”

又过了半个小时，整个教堂完全被洪水淹没了，神父只好爬到十字架上，在滚滚的洪水中坚持着。这时候，一架直升飞机缓缓地飞到了教堂上方。飞行员丢下悬梯，大喊道：“神父，快上来吧，这是最后的机会了，我们可不愿意看到你被洪水冲走！”神父依然意志坚定地说：“不，我要守住我的教堂！上帝绝对会来救我的。你去救其他人吧。上帝会永远与我同在！”

固执的神父最终也没有逃脱被滚滚洪水冲走的命运……

死后的神父还是有幸到了天堂，他质问上帝，为什么不来救他？上帝回答道：“我怎么不肯救你了？你忘记了？第一次，我派人劝你离开那危险的地方，可是你却坚决不肯；第二次，我派了一只救生艇去救你，但你还是一意孤行不肯离开；第三次，我以对待国宾的礼仪待你，又派了一架直升飞机去救你，结果你还是不愿意接受我的救助。是你自己太固执了，总是不肯接受别人的救助，我在想，你是不是太想见到我了，那么，我就成全你吧。”神父顿时哑口无言。

听完这个故事，我们不免觉得有点可笑，这位神父是迂腐的，但其实在他的内心，有自己的理由，他认为自己是与众不同的，上帝也最终会来拯救他。当然，最终，他只能被淹没在洪水之中。

现在，我们来试想一下，如果我们的生活圈子里有这样一个固执己见、自以为高人一等的人，我们会愿意与他交往吗？答案必然是否定的。因为谁也不愿意被踩在脚下。这个故事也告诉我们，无论做人还是做事，一定要懂得变通，要懂得听从别人意见的必要。

同样，在当今企业中，如果你是企业领导者，必定会遇到下属意见与你不一的情况，此时，我们一定要重视和认真处理，因为在组织管理过程中，不同部门、单位、人员对同一问题认识不一致，观点、意见不相同，往往导致行动上的差异和整个组织活动的不协调。为了协调上下级、员工之间的关系，作为领导也就必须要处理不和谐因素，这也是领导者管理工作的重要内容。

心理策略

作为领导者，若想获得下属的支持，就要学会谦虚、低调，学会认真处理下属的反对意见，只有这样，才能让下属感到被尊重和重视，才愿意信任和支持你。

与下属一起同患难，共富贵

古往今来，我们都强调“忠诚”，古人云，为人臣子，必须“忠”；现代社会，身处企业之中，作为领导者，也必须“忠诚”。不但要对企业忠诚，而且也应该对下属和员工忠诚，所谓对下属的忠诚，意为尽心竭力，赤诚无私，最直接的表现就是与员工站在同一战线上，同患难、共富贵。

清末曾国藩广纳贤才，前去其幕府之中的人络绎不绝，但曾国藩选用人才有其一定的标准，其中一个条件就是：将才必须爱兵如子。曾国藩强调，将才要与士兵一起出生入死。他曾说：“驭将之道，最贵推诚，不贵权术。”在曾国藩的身体力行之下，湘军形成了一种坦诚相待、相互信任、相互支持的组织文化。这种坦诚相待的“湘军精神”，也是湘军凝聚力和战斗力的来源。

同样，现代社会，企业要想提高凝聚力，也要企业管理者从自身做起，只有为员工谋福利，才有可能人心所向，维系员工与企业之间的稳定关系。

事实早已证明，凡是具有蓬勃生命力的企业，都有一套能让员工从内心自然接受的管理手段。

在经济日益市场化的今天，领导者只有深入、融入员工的心灵，才能营造“心齐气顺劲足家和”的局面，形成强有力的核心竞争力。为此，我们需要做到。

1. 适当的关心

任何一个员工，都对那些亲切的领导表示好感，并愿意支持他们。为此，为了和下属保持融洽的关系，作为领导，在日常工作中，当下属有困难时，应主动问讯。对力所能及的事应尽力帮忙。当然，在工作中，领导者要对不同工作能力的员工给予不同的帮助。

比如，在任务的布置上，不同的对象，应该采取不同的沟通方式，对于那些聪明、善于领会领导意图并有很强的工作能力的下属，管理者不需要进行很详细的工作交代，而需要多倾听他们对工作的看法、建议，而在工作执行的过程中，在他们遇到困难时，应给予答复，提高他们的主动性和自信心，以提高工作效率；而对于领悟能力和实践能力不强的下属，管理者不能简单行事，交代任务后就完全不管不顾，甚至期待有好的结果出现，这样往往事与愿违。对于这样的下属，领导者应该传递自己的想法，而不能期望他们在意见和方法上有多少建树。

2. 放低姿态帮助有困境的下属

即便是下属，也是有尊严和面子的，即便他们需要你的帮助，有时也不会主动开口，为此，你不妨放低姿态，默默帮助他，他会感激你的细心，自然会把你当成知心人。

3. 加以行动，证明自己足以信任

真正表达忠心的方式依然是行动，要让下属成为你的心腹和知己，最重要的一点就是要有实力，用实力说话是职场永恒的成功法则。否则，即便你再希望和下属一起并肩作战，也不会获得下属的支持。

的确，领导就是带领大家共同实现目标的那个人，要实现目标就需要智慧，不仅需要懂得领导的智慧，更需要解决问题的智慧。任何一个领导，都希望自己的部下能忠诚于自己，但这需要我们首先选择与下属站在一起、与下属同患难、共富贵，多关心下属，为下属排忧解难，你肯定能够和下属成为事业搭档，还能够成为心灵的知己。

心理策略

那些善于维护与下属关系的聪明领导都深知一个道理，如果要想获得下属的支持，就要做到随时为下属考虑，与下属同患难、共富贵，以此展现自己的领导力，才能成为下属的精神领袖。

一起承担风险，做有责任的上司

作为领导，身在职场，拥有良好的人际关系是事业成功的重要保证，而要做到这点，首先就要学会与下属搞好关系。

有句俗话说：“有福同享，有难同当。”当你在工作或者事业上小有成就的时候，应当为自己高兴，因为你获得了荣耀，这是对你的工作能力最大的肯定，但千万不能为此得意忘形，更不可独享荣耀。因为这是一个强调集体荣誉的社会，明里暗里你都不能违背了大多数人遵循的法则，如果这一成绩是得到过大家帮助而得来的，你千万别独占功劳，否则他人会觉得你好大喜功，抢占了他人的功劳。如果成绩的取得确实是你个人的努力，当然应该值得高兴，而且他人也会向你祝贺，但是对于你来说，千万别高兴得过了头而扬扬得意，沾沾自喜，因为这一方面会伤害某些人的自尊，另一方面，如果你过分狂喜，人家能不眼红吗？

另外，对于有难同当，它的意思是，面对过错，我们不要把责任推卸给下属，而应该多担当，这样，无论过错在谁，我们都赢取了下属的信任。

知人善任的曾国藩曾强调，“恕则凡事留余地以处人，功不独居，过不推诿”。这句话的含义是，有了功劳，不要全部归功于自己；有了问题与过错不要推掉自己的责任，不要把过错推给别人。同样，现代社会，领导者要想让自己树立权威、成为领袖和榜样，也要做到几点。

1. 以身作则，严格要求自己

前日本经联会会长土光敏夫曾经说过：“身为一名主管，要比员工付出加倍的努力和心血，以身示范，激励士气。”也就是说，作为一名领导者，要想让员工做到积极工作，做到真正为组织、企业着想，你就要做好表率作用，上行下效，员工的积极性自然也会提高。

土光敏夫在1965年曾出任东芝电器社长。当时的东芝人才济济，但由于组织太庞大，层次过多，管理不善，员工松散，导致公司绩效低落。

土光接掌之后，立刻提出了“一般员工要比以前多用三倍的脑，董事则要十倍，我本人则有过之而无不及”的口号，来重建东芝。

他的口头禅是“以身作则最具说服力”。他每天提早半小时上班，并空出上午七点半至八点半的一小时，欢迎员工与他一起动脑，共同来讨论公司的问题。他为了杜绝浪费，还藉着一次参观的机会，给东芝的董事上了一课。

有一天，东芝的一位董事想参观一艘名叫“出光丸”的巨型油轮。由于土光已看过九次，所以事先说好由他带路。

那一天是假日，他们约好在“樱木町”车站的门口会合。土光准时到达，董事乘公司的车随后赶到。

董事说：“社长先生，抱歉让您等了。我看我们就搭您的车前往参观吧！”董事以为土光也是乘公司的专车来的。

土光面无表情地说：“我并没乘公司的轿车，我们去搭电车吧！”

董事当场愣住了，羞愧得无地自容。

原来土光为了杜绝浪费，使公司合理化，乃以身示范搭电车，给那位浑浑噩噩的董事上了一课。

这件事立刻传遍了整个公司，上上下下立刻心生警惕，不敢再随意浪费公司的物品。由于土光以身作则点点滴滴的努力，东芝的情况逐渐好转。

土光敏夫说：“要督促政府达成革新，再也没有比国民一齐监督更有效的方法了。”

2. 保持谦卑的态度

人往往一旦有了荣耀，就会自我膨胀，就可能忘了“我是谁”了。你的下属就要忍受你的骄傲和气焰，但要不了多久，他们会在工作上有意无意地抵制你，让你碰钉子。因此有了荣耀，要更谦卑；要不卑不亢不容易，但“卑”绝对胜过膨胀，就算“卑”的肉麻也没关系，别人看到你的谦卑，就不忍心找你麻烦，和你作对了。

3. 敢于认错，为自己的言行负责

我们对曹操“割发代首”的故事早已耳熟能详：

三国时期，曹操发兵宛城时规定：“大小将校，凡过麦田，但有践踏者，并皆斩首。”这样，骑马的士卒都下马，仔细地扶麦而过。可是，曹操的马却因受惊而践踏了麦田。他很严肃地让执法的官员为自己定罪。执法官对照《春秋》上的道理，认为不能处罚担任尊贵职务的人。曹操认为：自己制定法令，自己却违反，怎么取信于军？即使我是全军统帅，也应受到一定处罚。他拿起剑割发，传示三军：“丞相踏麦，本当斩首号令，今割发以代。”

现实的工作中，却有一些领导者，在管理中，揽功推过，久而久之，在下属和员工心中也失去了号召力。而一个受人尊敬、爱戴的领导者往往能做到自我检讨，敢于承认自己的过失，并主动承担罪责。这是一种责任心，更是一种人格魅力，是一个领导者必备的品质。

在过错面前，很多人选择逃避或把责任推卸给同事，这样做，表明上看免除了责罚，但实际上，这是因小失大，因为失去了同事的支持。聪明的做法是勇敢地站出来，这样，如果过错在同事，他一定会感激你；而过错在你，他也会佩服你的勇气。

心理策略

现实的工作中，一个领导者要想在员工心中树立权威，就要做到有担当，严格自己，推功揽过，敢于承认自己的过失，当你成为一个有魅力的领导者的时候，号召力也就形成了。

第04章

把握时机，相时而动的心理策略

中国近现代史中，曾国藩可以说是一个具有深谋远虑的人，他总是能相时而动，找到自己的位置，做应该做的事，同样，现代社会，与人交往，或者是争取事业成功，我们就要似水，顺势而为，这样就可以使自己迅速适应环境，从而争取成功的资源，我们更要懂得把握时机，这样才能抓住机会，为自己赢得成功。

要有战略眼光，统筹全局

生活中，老人常常说："做事之前就要想到后面四步。"其实，向前每走一步，我们都需要相应对的方法，如果不能看得那么远，至少我们需要看见一步。做事情，不仅需要稳当、周全，而且，不要急于求成，更不要被眼前的小事所累。

任何一个成功者都是眼光长远的。眼光长远，就是指不要只把眼光放到当下。只是更多的时候，我们舍不得放弃手头实实在在的利益，心里想的也是怎样保证眼前的利益不受损失。殊不知，这样做只会任机会溜走，不但不会有所得，严重的甚至会失去更多。舍小利以谋远，关键在一个"舍"字，只有舍得，才能获得。

著名的美孚公司曾做了一次赔本买卖，可是，从最后的结果来看，它虽然放弃了眼前的利益却收获了长远的发展，小利变大利、利滚利、利翻利，先前看似赔本的"买卖"，最终却收获了高额的利润。这是一种商业中的计谋，也是每一个人需要的智慧。有时候，之所以需要我们放弃眼前唾手可得的东西，不要为它所累，其实是为了以后更长远的发展。

在近代历史中，曾国藩无疑算是一个有远见的人，在任何时候，他都不为眼前小事所累，其最终的理想抱负是"修身、治国、平天下"，誓死效忠清廷。

1858年，在清政府地不断催促下，曾国藩第二次戴孝出山。当时，他率领湘军，经过6年的艰苦奋战，终于攻克了金陵。宣告了太平天国运动的结束，平定了天下，而另一方面，由于湘军号称30万大军，意味着清朝的军权第一次从满人转移到了汉人手中。这时，曾国藩的名声与威望都达到了顶峰。

在弟弟曾国荃看来，这是多么兴奋的事情，大好的利益就在眼前，于是，他极力鼓动哥哥曾国藩“自立”。不仅如此，其他一些随着曾国藩出生入死的将领也一起暗示要拥立他为皇帝。究竟是继续做万人景仰的中兴名臣，还是是冒着成为乱臣贼子的风险君临天下，曾国藩为此思考了很久很久。

其实，最初同治皇帝曾做出承诺，谁能解除天平天国对清朝的威胁，谁能够打下南京谁就封王。可是，等到曾国藩真的打下了南京，功高震主，又手握兵权，同治皇帝却失言了，他只封了曾国藩“一等毅勇侯”。“飞鸟尽、良弓藏”的道理，曾国藩自然明白。最后，经过思考之后，他做出了惊人的决定，自剪羽翼，解散了湘军，忍耐一段时间之后，重新找准了自己的位置。

历史证明，曾国藩的确是一名深谋远虑之人。在当时的情况下，皇帝宝座无疑是眼前最大的利益，凭着他当时的军事力量、能力，很有把握自立为王，但他毅然选择了放弃，这是为什么呢？曾国藩确实很有远见，因为即使自己攻破了南京，但他却已经看清了当时的局势：清政府派遣了许多将领驻扎在长江，一旦自己叛乱，定然会予以反击。而且，清政府开始有意识地培养自己身边的将领，分化湘军内部力量，真的自立，那些将领绝不会与自己同谋。还有，从曾国藩的理想抱负来说，他只想为国家效力，几乎从来没想到自立为王。所以，即便是在功成名就之后，他依然不敢享受成功带来的喜悦，而是以长远的眼光，忍耐在皇权下为官的战战兢兢。

人们常说，一个人要想成功，必须要有自己的人生战略。事实也证明，懂得放弃眼前的利益，甚至是吃点小亏的人，最终获得的是比当时还要大上几倍，甚至几十倍的收益。同样，与人交往，我们也不可太过功利化，认为对方身处逆境就不与之结交，也不可曲意逢迎那些位高权重者，要知道，三十年河东，三十年河西，只有坚持自己的做人原则，真心待人，才能换来他人的真心相待。

犹太人罗斯柴尔德是一个很精明的商人。长时间的生意经验让他十分清楚地意识到，要在这个犹太人备受歧视的社会里脱颖而出，最有效的办法就是接近手握巨大权势的领主并博得其欢心。

好不容易，他被通知可以接受当地公爵的接见。这是个难得的机会，他觉得自己一定要把握住。为此，他不但把花了很多心血和高价收集的古钱币以低得离奇的价格卖给公爵，同时还极力帮助公爵收古币，经常为他介绍一些能够使其获得数倍利润的顾客，不遗余力地帮公爵赚钱。

如此一来，公爵不但从买卖中尝到了很多甜头，对古钱币的兴趣也越来越浓。罗斯柴尔德和他的关系逐渐演变为带伙伴意味的长期关系，远非只是普通的几笔买卖关系。

罗斯柴尔德是个舍得下血本的人。他为了实现长期战略，宁可舍弃眼前的小利。这种把金钱、心血和精力彻底投注于某个特定人物的做法，日后便成为罗斯柴尔德家庭的一种基本战略。如若遇到了诸如贵族、领主、大金融家等具有巨大潜在利益的人物，就甘愿做出巨大牺牲与之打交道，为之提供情报，献上热忱的服务；等到双方建立起无法动摇的深厚关系之后，再从这类强权者身上获得更大的收益。如果说一两次的"舍本大减价"一般人也能做得到的话，罗斯柴尔德这种一直"舍本"帮助别人赚钱的做法不能不说是难能可贵的。虽然他得以在宫廷出出进进，但自己在经济上仍然相当拮据。

但在罗斯柴尔德25岁那年，他获得了"宫廷御用商人"的头衔。罗斯柴尔德的策略终于奏效了。

放长线钓大鱼，舍小利获大利，这就是成功的犹太商人的生意经。也是罗斯柴尔德获得成功的心得。人际博弈中也是如此，为了得到长期的利益，必须在开始的时候让对方尝到他一辈子也忘不掉的甜头。

在生活中，许多人之所以会不断地失败，那是因为只看到了眼前事情所带来的麻烦，做事不彻底，往往做到离成功尚差一步就停止不做了，自然，他们也就与成功失之交臂了。对于我们来说，在做每一件事情时更需要有长远的眼光，不计较眼前的小事，而是关注于长远的发展，从而达到舍小利而保大局的目的。不过，在现实生活中，有的人鼠目寸光，吃不得眼前亏，心胸狭隘，容不得一点损失，最终，他们难以成就大事。

心理策略

生活中，无论做人做事，我们都不要总是计较眼前的利益，而是要把眼睛看到远处，懂得从长远利益出发，舍小利为大谋，这正是一种难得的智慧。

大处着眼，小处着手

古人云：“凡事预则立，不预则废。”大到国家，小到个人，做事都必须要有计划性，只有做到缜密行事、步步为营，才能让成功多一份胜算，大凡要把一件事情做好，一般都要经历资料收集、深入调查、分析研究、最终下结论这样一个过程。

清末曾国藩正是这样一个人，他有谋略，懂细节，不仅如此，他也要求自己的部下、将才都能做到智谋深远，不但能统兵带兵，懂行军打仗，还要才堪治民，要有智慧。

诚然，任何一个人都有自己的理想，更懂得要为未来奋斗，要不断为自己设置更高的标准，只有这样，才能取得令人满意的出色成果。但我们需要明白的是，这一愿望的实现必须要有一个清晰的规划，要考虑周全。

生活中，有一些人，他们始终改不了粗糙的毛病，思考问题时，思路紊乱，东拉西扯，始终是稀里糊涂；生活中也是粗糙大意。而结果只能是，事情做不到尽善尽美。而长此以往，也就形成了一些不良的行事习惯，成功更加遥遥无期了。

可能你会天真地认为，那些小问题怎么会影响大局呢？只是一些细节问题，比如，一个小数点，但你要明白，一个小数点的遗漏不仅会影响你这道题的演算结果，甚至会影响一笔巨大的投资款项。因此，从现在起，你一定要培养自己关注细节的习惯，一件事情，如果你做到了99%，就差1%，但就是这点细微的区别会导致你无法做到突破。

的确，没有条理、做事没有秩序的人，无论做哪一种事业都没有功效可言。而有条理、有秩序的人即使才能平庸，他的事业也往往有相当的成就。

很久以前，在黄河岸边，有一座村庄，这座村庄的村民经常受到黄河水患的祸害，于是，为了防治水患，临近黄河岸边的一片村庄，农民们筑起了巍峨的长堤。

一天，一个老农民在大堤上发现有好几个蚂蚁窝，老农民心想，这些蚂蚁窝会不会对黄河大堤产生一些负面影响呢？于是，他把自己的担忧告诉了自己的儿子和村里人，但他们听后不以为然地说：那么坚固的长堤，还害怕几只小小蚂蚁吗？于是，老农也放心地耕地去了。

谁知道，当天晚上就下起了大雨，黄河水暴涨。咆哮的河水从蚂蚁窝始而渗透，继而喷射，终于冲决长堤，淹没了沿岸的大片村庄和田野。

这就是“千里之堤，溃于蚁穴”成语的来历。在我们生活的周围，也经常发生因为细节上的欠缺考虑而导致“满盘皆输”的后果。这给所我们一个警示：无论是学习还是做事，都要做到思虑周全，忽略细节容易导致功亏一篑。当然，做好生活中的每一件小事也并不容易。

拿破仑是一位传奇人物，这位军事天才一生之中都在征战，曾多次创造以少胜多的著名战例，至今仍被各国军校奉为经典教例。然而，1812年的一场失败却改变了他的命运，从此法兰西第一帝国一蹶不振逐渐走向衰亡。

1812年5月9日，在欧洲大陆上取得了一系列辉煌胜利的拿破仑离开巴黎，率领浩浩荡荡的60万大军远征俄罗斯。法军凭借先进的战法、猛烈的炮火长驱直入，在短短的几个月内直捣莫斯科城。然而，当法国人入城之后，市中心燃起了熊熊大火，莫斯科城的四分之一被烧毁，6000多幢房屋化为灰烬。俄国沙皇亚历山大采取了坚壁清野的措施，使远离本土的法军陷入粮荒之中，即使在莫斯科，也找不到干草和燕麦，大批军马死亡，许多大炮因无马匹驮运不得不毁弃。几周后，寒冷的天气给拿破仑大军带来了致命的诅咒。在饥寒交迫下，1812年冬天，拿破仑大军被迫从莫斯科撤退，沿途大批士兵被活活冻死，到12月初，60万拿破仑大军只剩下不到1万人。

关于这场战役失败的原因众说纷纭，但谁又能想到是小小的军装纽扣起着关键的作用呢！原来拿破仑征俄大军的制服，采用的都是锡制纽扣，而在寒冷的气候中，锡制纽扣会发生化学变化成为粉末。由于衣服上没有了纽扣，数十万拿破仑大军在寒风暴雪中形同敞胸露怀，许多人被活活冻死，还有一些人得病而死。

拿破仑的失败，正验证了人们说的“成也细节，败也细节”，细节能带来成功，同时也能导致失败。细节就好比是精密仪器上的一个细微的零部件，虽然只是一个细小的组成部分，但是却起着重要的作用，一旦这个“零部件”出错，那就意味着全盘皆输。

曾经，有位管理专家一针见血地指出，从手中溜走1%的不合格，到用户手中就是100%的不合格。为此，员工要自觉地由被动管理到主动工作，让规章制度成为每个职工的自觉行为，把事故苗头消灭在萌芽之中。也曾有位商界名家将“做事没有条理”列为许多公司失败的一大重要原因。

那么，我们该如何培养自己周全的思维习惯呢?

1. 勤于思考

思维的力量是巨大的，但人的大脑就如同一台机器，长时间不使用，它的工作能力就会下降甚至不适用。因此，要有智慧，要有一颗善于思考的头脑。真正的“有头脑”，指的是善思考、勤实践，有思想、智慧、远见、卓识和才干。一个人虽然长着脑袋，但若不善用脑袋，是不能算是有头脑的。

在日常生活中，如果你遇到一些以你的知识储备不能解决的问题，就要开发自己的大脑，用自己的的方法找到答案。举个很简单的例子，房间的台灯坏了，你可以自己动手修修看，不明白的地方，你可以从物理书上找到答案。当你学会了修理台灯，家里很多小电器坏了，你都可以自己解决了。

2. 做任何事都要制定完善的计划和标准

要想把事情做到最好，你必须在心中为自己设定一个严格的标准，并且，在做事时，你一定要按照这个标准来执行，绝不能马虎；另外，在做任何一项决策前，一定要思虑周全，并作广泛的调查论证，广泛征求意见，尽量把可能发生的情况考虑进去，以尽可能避免出现1%的漏洞，直至达到预期效果。

3. 做事要有条理有秩序，不可急躁

急躁是不少人尤其是年轻人的通病，但任何一件事，从计划到实现的阶段，总有一段所谓时机的存在，也就是需要一些时间让它自然成熟的意思。假如过于急躁而不甘等待的话，经常会遭到破坏性的阻碍。因此，无论如何，我们都要有耐心，压抑那股焦急不安的情绪，才不愧是真正的智者。

心理策略

没有周密的思维习惯，做事没有条理，同时又想把蛋糕做大，这是不可能的。只有步步为营、严谨行事，才能更有效率。

借势生风，才会大有作为

作为中国人，都知道太极的精髓在于“借力打力”“四两拨千斤”“以柔克刚”，懂得借助他人力量的人，取得的成就常常会超越他人。一个懂得借力的人，讲究的策略是后发制人，敌动己不动，战胜对手，有时甚至可以在不利的条件下，使自己反败为胜，永远立于不败之地。

曾国藩是中国近代史上有着巨大影响的人物。梁启超对世人说：“曾文正者，岂唯近代，盖有史以来不一二睹之大人也已；岂唯我国，抑全世界不一二睹之大人也已。”毛泽东对友人黎锦熙说：“愚于近人，独服曾文正，观其收拾洪杨一役，完满无缺。使以今人易其位，其能如彼之完满乎？”

曾国藩之所以能获得幕僚敬仰、后世论道，其中重要的原因就是因为他懂得借势生风。清末，农民起义风起云涌，内忧外患，曾国藩借势崛起，事功莫大。也由于曾国藩的礼贤下士，擅纳同类，因此，一大群和曾国藩的经历、志向、精神状态都颇为相近的文人武夫纷纷麇集其周围。这些人为曾国藩打败太平军、捻军出谋划策、摇旗呐喊，也和曾国藩一道诗酒酬酢、论文说道。

现实生活中的每个人，都应该学习借力打力的智慧。因为在竞争激烈的今天，那些实力弱小的人，如果仅凭自己的力量是很难获得成功的。

一个深谙心理计策的人，总是能发现有利于自身发展的有利资源，并为自己开拓更为广阔的天地。狐假虎威的故事就说明了这一点。

从前在某个山洞中有一只老虎，因为肚子饿了，便跑到外面寻觅食物。当它走到一片茂密的森林时，忽然看到前面有只狐狸正在散步。它觉得这正是个千载难逢的好机会，于是，便一跃身扑过去，毫不费力的将它擒过来。可是当它张开嘴巴，正准备把那只狐狸吃进肚子里的时候，狡黠的狐狸突然说话了：“哼！你不要以为自己是百兽之王，便敢将我吞食掉；你要知道，天地已经命令我为王中之王，无论谁吃了我，都将遭到天地极严厉的制裁与惩罚。”

老虎听了狐狸的话，半信半疑，可是，当它斜过头去，看到狐狸那副傲慢镇定的样子，心里不觉一惊。原先那股嚣张的气焰和盛气凌人的态势，竟不知何时已经消失了大半。虽然如此，它心中仍然在想：我因为是百兽之王，所以天底下任何野兽见了我都会害怕。而它，竟然是奉天帝之命来统治我们的！

这时，狐狸见老虎迟疑着不敢吃它，知道它对自己的那一番说辞已经有几分相信了，于是便神气十足地挺起胸膛，然后指着老虎的鼻子说：“怎么，难道你不相信我说的话吗？那么你现在就跟我来，走在我后面，看看所有野兽见了我，是不是都吓得魂不附体，抱头鼠窜。”老虎觉得这个主意不错，便照着去做了。

于是，狐狸就大模大样地在前面开路，而老虎则小心翼翼地在后面跟着。它们没走多久，就隐约看见森林的深处，有许多小动物正在那儿争相觅食，但是当它们发现走在狐狸后面的老虎时，不禁大惊失色，狂奔四散。

这时，狐狸很得意的掉过头去看看老虎。老虎目睹这种情形，不禁也有一些心惊胆战，但它并不知道野兽怕的其实是自己，还以为它们真是怕狐狸呢！

这里，我们先不评价狐狸的行为恰当与否，不可否认的是，狐狸是聪明的。它之所以能得逞，是因为它假借了老虎的威风。

现代社会，借力生力无疑是人们出人头地的途径之一。当然，借力不仅是要借助他人的力量，甚至可以借助他人的智慧、想法甚至是名声等。

在北京北海公园琼岛对面，有一家老饭店，这家饭店很有特色，一直沿袭的是清代宫廷菜的烹饪方法，但奇怪的是生意一直都不好。

后来，这家饭店的负责人决定找清楚原因，在一番调查后，他发现，不少游客尤其是外国游客最为感兴趣的是中国古代皇帝的饮食起居。于是，找到这个突破口，他决定将饭店的饭菜以“皇帝吃过的饭菜”为宣传点，大肆进行宣传，并且，对于店内的每一道菜，他都搜集出故事，并让服务员背下来，在服务员上菜、客人点菜的时候，服务员就会说出这道菜的由来。就这样，这家店的生意一下子火了起来。

一次，美国华盛顿市长在这里举行答谢宴会，席间，服务员上来一盘点心，彬彬有礼地介绍说：“曾经慈禧太后夜里梦见吃肉末烧饼，而第二天早上，厨师给他准备的正是肉末烧饼，她很高兴，因为这不就是心想事成吗？愿大家也能事事如意，步步吉祥……”这一席话让在场的所有客人都变得心情大好，这位市长高兴地敬了服务员一杯酒，说：“下次来北京，愿再来你们这里做客！”

一道小小的菜肴都能借助贵人之光，拥有另类的文化意义，从而迅速走红，我们在交际中也是如此，与人交往的时候，要学会吵出自己的身价，然后有的放矢，发挥我们的交际能力。

独木不成林，单打独斗并不是明智的方法。那些事业有成的人，除了自身的智慧和能力外，跟懂得运用借势的智慧是分不开的。一个人再聪明，条件再优越，也不是三头六臂，也需要借助他人的力量。由此可见，一个人要想成功，就应该懂得借势，而且还要在生活实践中灵活地运用借势。

心理策略

一个善于运用心理计谋的人，常常善于发现当下的时局，或者他人身上的长处，并能够加以利用，协调各方之间的关系，让好的形势为我所用，借助外力，实现自己的目标。

耐心等待，静候形势变化

中国人常说："识时务者为俊杰"，而在《三国志》里，司马徽也说："平庸的书生文士怎么会认清天下的大势呢？能认清天下大势的人才是杰出的人物。"的确，任何一个人，只有看清了局势，方能顺势而为。在现实生活中，我们常常用"顺"来表示美好，那些懂得顺水推舟、顺势而为的人，才能达到圆满的人生。

而对于生活中的我们来说，需要心眼明亮，看清形势再作为，适时忍耐，不断积蓄力量，等待着一飞冲天的那一刻。在生活中，一个人无论有多么大的能力，他总是受到周围环境以及诸多因素的制约，不能够为所欲为。在局势变化的情况下，如果你一意孤行，最后吃亏的只能是自己。所以，一个人要明时务，灵活处理自己的相关事宜。

曾国藩凭着自己几十年的仕宦生涯，对官场的险恶看得最清楚。平定太平天国运动之后，清政府对曾国藩弟弟很不放心，欲其速离军营而不令其赴任浙江巡抚。对此，面对这一形势所逼，曾国藩无奈，只好以病情严重为由，奏请曾国荃开浙江巡抚缺，回乡调理，避开锋芒，不巧这却是朝廷的意思。

曾国荃回乡修养，本是曾国藩的韬晦之计，顺应形势，暂时退避是为了永久保住自己的既得利益。不过，对于曾国荃来说，他却是一个不甘寂寞的人，尤其对于朝廷有意牵制曾家兄弟的举措很不满，心中流露出憎恨。曾国藩却自有计策，他多次嘱咐弟弟不要轻易出山，如今时局严重，不必惹祸烧身，最好在家静养一年。对此，曾国藩在日记中写道："有见识的人士和相爱的朋友大多奉劝弟弟暂缓出山，我的意思是让弟弟多调养一段有病的身体，在家闭门三年，再挺身而出，担当天下的艰巨任务。"同时，他还嘱咐弟弟："弟弟平素的性情就是好打抱不平，发泄公愤，同时又对朋友情谊深厚，非常仗义，这个时候告病在家，千万不要对地方公事干预丝毫。"在曾国藩的耐心劝导下，曾国荃耐着性子在湖南老家待了一年多。

直到清政府颁布诏令命曾国荃改任湖北巡抚，并帮办"剿捻"军务，这时，曾国藩认为形势已经好转，才力促弟弟出山而任事，他说："惟决计出山，则不可再请续假，恐人讥为自装身份太重。余此信已为定论下次不再商矣。"

曾国荃的退隐和出山，均是曾国藩的权宜之计，时局严重，清廷对曾氏兄弟有了疑心，这时曾国藩看清了局势，规劝弟弟暂时退隐，如此一来，才能永久保住自己的利益。如果执意下去，有可能曾国荃的官运不长久。在曾国藩的权益之计下，弟弟回老家修养了一年多，而此时清廷已经放下了疑心，打算请曾国荃出山。于是，在顺势的条件下，曾国藩觉得弟弟出山的机会成熟了。因此，这才有了后来曾氏家族在清廷的美名。

某民营企业的销售部经理离职了，该公司很多员工都知道这是个机会，因为部门经理的职位空缺了出来，虽然大家都想小试牛刀，但被总经理提名的只有两个候选人。在周一的例行公会上，总经理就公布了这两人的名字，并且要求他们各自在一个星期内拿出自己的市场推广方案，谁的方案最优秀就由谁来担任部门经理。

李俊、张杰同时被列为了候选人，两人平时还是好朋友，所以，这样一场竞争非常有意思，公司各部门员工都对此议论纷纷。有人说李俊绝对能胜任，因为他善于笼络人心；有人说张杰绝对能任职，因为业绩比较突出。同时，有一个消息在办公室里炸开了锅，原来李俊是经理夫人的亲弟弟，这可不得了，那失败者似乎注定了就是张杰。

张杰分析了其中的利害关系，心想：李俊有了这一层关系，看来自己终究是失败者，不过，有什么要紧呢。如果自己真的失败了，表现得大度，努力配合李俊的工作，给人留下好的印象，日后定会有高升的机会。他就这样一边这样想着，一边准备市场推广方案。很快，一个星期过去了，两人同时把方案交到了办公室。总经理在大会上宣布了结果，懂得笼络人心的李俊胜出。张杰知道自己已经失败了，心反而变得坦然，鼓掌表示庆祝，似乎一点也不在意。

李俊上任了，开始了管理工作。张杰还是积极地跑市场，协助李俊的工作，下班后，他与李俊还是好朋友。公司里人的都说："张杰这人真好，升职机会被好朋友抢了也不说什么""就是啊，而且，工作比以前更积极，这样踏实能干、谦虚的小伙子上哪去找啊"。三个月后，张杰在朋友李俊的推荐下，因业绩突出被提升为部门助理。

本来，李俊有好的背景，这对于处于公平竞争上的两个人似乎并不公平，张杰大可以因不服气而找上司闹，或者在李俊胜出后故意与之作对。但是，聪明的张杰却很清楚眼前的人和事，自己要想有所作为，就必须将不服埋在心里，努力配合李俊的工作，在公司博得一个好名声，这样，自己能力有了，也没得罪什么人，那高升的机会肯定会有。在这样斟酌之后，张杰才将想法投入实际行动，最后，自己的目的也达到了。

当局势发生了变化，自己之前所渴望的机遇也檫肩而过，这时候，我们该怎么办呢？怨天尤人？还是韬光养晦、蓄势待发？俗话说："不飞则已，一飞冲天；不鸣则已，一鸣惊人。"如何面对既成的局面，唯有不断地提高自己的能力，等待机遇的到来，再迅猛出击，奋起拼搏。

心理策略

无论做什么事，我们要想获得成功，就要学会顺势，更要学会忍耐，做到蓄势待发，时刻准备着，积蓄能量，等待机遇的到来。

小不忍则乱大谋

常言道：“小不忍则乱大谋。”生活中的每一个人，不管是谁，在人生中难免会深陷逆境，却一时又无力扭转面临的逆境，那最好的选择就是暂时忍耐，因为事情总是在不断变化中，一旦有利的时机到了，那成功就是指日可待了。所谓“忍一时风平浪静，退一步海阔天空”，学会在忍耐中等待命运转折的时机。大凡成大事者，必定能忍得一时之辱，容得一时之痛。忍耐是一种品质，一种精神，更是一种成熟，一种理智，因为忍耐，在磨难挫折面前坦言豁达而不灰心丧气，它似乎可以给人生一种奋进的力量，在布满荆棘的道路上，在变化莫测的航行中，忍耐给予的生命光芒在信念中闪烁。

当然，忍耐并不是坐在那里默默地忍受一切，而是从心里上接纳所面临的事情。当生活中的挫折与困难迎面而来的时候，暂且不去下判断，不论遇到多么大的事情，最好暂时忍耐一下，也许到了下一刻钟事情就会有所转机，有了解决问题的办法。

曾国藩在初办团练的时候，有一次，绿营兵与湘勇哄闹，到了晚上还潜入了曾国藩的府邸。对此，曾国藩亲自告诉了巡抚，然而，巡抚却置之不理，曾国藩只好带着湘勇迁到了城外，避开绿营兵的扰乱。有人对此表现不理解，曾国藩叹息：“大难未已，吾人敢以私愤渎君父乎？”在大敌当前，怎么能为个人利益而泄私愤呢？唯有忍辱负重才好，后来，曾国藩更是将“忍辱负重”之术发挥到极致。

湘军前期发展并不顺利，出征之初就大败于太平军，内心悲苦的曾国藩更是跳水自尽，后被救起，当时，曾国藩披头散发，满脸泥沙。战局的困顿让曾国藩情绪很是低落，心中萌发了退意。不久，曾国藩就以回家为父亲守孝为名，弃军而去。第二年，湘军攻占了九江，已经平复心境的曾国藩决定重新出山。

再次出山并没有赢得清政府的信任，一方面战事不利，另一方面，朝廷长期不给湘军体内制的身份，也不授予曾国藩正式的官职。后来，曾国藩才被授职为两江总督统帅湘军，不过，在任职中，朝廷的猜疑使得他战战兢兢，如履薄冰。咸丰年间，朝廷在短时期内连发两道诏书，一道是任命，另一道是取消任命。曾国藩大叹："我浴血奋战，受此猜疑，令人心寒，若被谋害，墓志铭里一定要替我鸣冤，否则死不瞑目。"

于是，就这样，曾国藩长期没有官职，没有地盘，没有实权，筹不到军饷。曾国藩率领着湘军孤军奋战，有时候还会被怀疑是伪军。对此，曾国藩只能忍辱负重，二度自杀，最终，他还是顽强地强忍了下来。直至天京沦陷，湘军镇压了太平天国起义，曾国藩将陷入危机中的清政府拯救了过来，从起兵到胜利，曾国藩忍辱负重地度过了痛苦的十多年。

曾国藩那忍耐的勇气简直到了无法形容的程度，即便自己在压力下快要自杀的时候，他还是忍了下来，这不是懦弱，这才是真正的勇气。即使这样，曾国藩在检讨自己缺点时，这样说道："自己忍得不够，有三大过错：平日不敢信、不尊敬别人，相对傲慢太甚；平时一句话不对劲，就怨恨无礼；抵触分歧之后，别人恢复平静易顺，自己却反而悍然不近人情。"检讨了自己的三点不足之处，曾国藩更注重"忍辱负重"，于是，在经历了漫长的阴霾之苦，他终于迎来了人生的艳阳天。

俗话说："人生在世不如意十之八九。"在生活中，我们总会为这样或那样的事情而烦心，但是，如果我们要想生存在纷繁复杂的世界里，最重要的就是学习"忍辱负重"，并练就这样的勇气。正所谓"小不忍则乱大谋"，在千变万化的社会中，难免会发生磕磕绊绊的事情，尤其是在深似海的职场或官场中，斗争、受辱更是在所难免，所以，有时候，当我们置身于受辱的环境中，要懂得忍耐，鼓足勇气忍下去，这样才能取得最后的胜利。

前不久，公司下达了一个关于质量检查的通知，要求各部门届时提供必要的材料，准备汇报，并安排必要的检查。老李是销售部门的办公室主任，照例是先经过自己的手，再送交有关局长处理。老李看到此事比较着急，当日便把通知送往了局长办公室。当时，局长正在接电话，看见老李进来后，只是用眼睛示意了一下，就让他把东西放在桌子上。于是，老李照办了，然而，就在检查小组即将到来的前一天，部里来电话告知到达日期，请安排住宿时，这位主管局长才记起此事。他气冲冲地把老李叫来，一顿呵斥，批评他耽误了事。

在这种情况下，老李深知自己并没有耽误此事，真正耽误事情的正是局长自己，可他并没有反驳，而是老老实实地接受批评。老李还立即到局长办公室找出那份通知，连夜加班、打电话、催数字，很快就把需要的材料准备齐整。

事后，局长越发看重忍辱负重的老李，在一次公司大会上将他推荐了出去。

老李明明知道这件事不是自己的责任，却甘愿闷着头来承担这个罪名。其中的原因在于，他知道自己在必要的时候为上司背黑锅，尽管自己眼下受点委屈，但是，到最后自己会有相当大的好处，而事实证明他的想法和做法都是正确的。所以，我们应该学会适时忍辱负重，他日定会走向成功。

在日常工作中，不论自己身处何职，都需要有忍辱负重的勇气。当领导将某些事故的责任推到自己头上的时候，这时候你必须有“忍”的勇气。有时候，即便明明是领导的过错，或者是处理不当，但在追究责任的时候，不要据理力争，而应鼓起勇气去忍耐，因为忍耐之后，将是领导对你的极大信任。

心理策略

忍耐不是软弱，反而是一种大度。忍耐也并不是妥协，而是一种胜利。在生活中，学会审视一下自己，我们根本没有理由对周围的一切都那么苛刻，要学会忍耐，这样会让生活变得更加轻松。

第05章 屈人之兵，克敌制胜的心理策略

人生在世，谁都有几个对手，没有对手，也许轻松，但很可能是人生的悲哀。因为，没有对手，说明了你不被别人重视，你的价值被低估，你有可能失去了前进的目标。但曾国藩招兵买马，帮助政府、与太平军较量的过程告诉我们，在与对手切磋、较量中，切不可做事急躁、冲动，凭一时之气，过度暴露自己、张扬自己，而应该少说话、多做事，保存并提升自己的实力，让对方探不清你的虚实，并掌握一定的心理计谋，待时而发，在关键时刻一举取得胜利！

独树一帜招乡勇

清末，太平天国起义的惊雷，惊醒了清朝统治者及一切大小地主阶级，使其惶惶不可终日。为了镇压农民起义，清政府为此调动大批军队进行围剿，同时，也对地方下达指令，要求举办地方团练，作为镇压太平天国的后备力量。

当时，刚来湖南任巡抚的张亮基为此颇费思量。而其幕僚左宗棠献计说，正在家乡为母守丧的原礼部侍郎曾国藩既具资历、声望，又诸熟湖南地方人情，当堪此任。张闻听大喜，当即奏准朝廷，留其“帮同办理本省团练乡民搜查土匪诸事务”。曾国藩对办团练曾有过短暂的犹豫，但经不住其友郭嵩亮的敦劝和其弟曾国荃的怂恿，决定“墨从戎”，“酬君恩、兴家族”，以实现其“澄清天下”的大志。1853年1月底，曾国藩前往省城长沙就任帮办湖南团练大臣一职，开始了他创立湘军、镇压农民起义的生涯。

后期即平定太平天国之乱后，曾国藩率先创办新式军事学堂，接着又对外派遣军事留学生。1868年，曾氏视察上海江南制造局，容闳向他提出在江南制造局内附设兵工学校，成为中国最早的一所兵工技术学校，培养了一批人才。

曾国藩对于清廷主要成就之一就是平定太平天国运动。而之所以能成功，其中主要原因还是因为曾国藩自办乡勇、创办湘军。而这一点，也给现代社会的我们一个启发：“磨刀不误砍柴工”“凡事豫则立，不豫则废。”与人交涉，要想取得胜利，首先一定要提前做好充分的准备。我们先来看下面一个故事：

东晋时代，秦王苻坚控制了北部中国。公元383年，苻坚率领步兵、骑兵90万，攻打江南的晋朝。晋军大将谢石、谢玄领兵8万前去抵抗。苻坚得知晋军兵力不足，就想以多胜少，抓住机会，迅速出击。谁料，苻坚的先锋部队25万人在寿春一带被晋军出奇击败，损失惨重，大将被杀，士兵死伤万余。秦军的锐气大挫，军心动摇，士兵惊恐万状，纷纷逃跑。此时，苻坚在寿春城上望见晋军队伍严整，士气高昂，再北望八公山，只见山上一草一木都像晋军的士兵一样。苻坚回过头对弟弟说："这是多么强大的敌人啊！怎么能说晋军兵力不足呢？"他后悔自己过于轻敌了。

出师不利给苻坚心头蒙上了不祥的阴影，他令部队依淝水北岸布阵，企图凭借地理优势扭转战局。这时晋军将领谢玄提出要求，要秦军稍往后退，让出一点地方，以便渡河作战。苻坚暗笑晋军将领不懂作战常识，想利用晋军忙于渡河难于作战之机，给它来个突然袭击，于是欣然接受了晋军的请求。

谁知，后退的军令一下，秦军如潮水一般溃不成军，而晋军则趁势渡河追击，把秦军杀得丢盔弃甲，尸横遍地。苻坚中箭而逃。

这就是"草木皆兵"的故事与淝水之战，苻坚为什么会大败？因为他在指挥战斗的过程中，仅凭自己的感觉，而不对敌军进行深入了解，以至于淝水之战中彻底丧失作战能力。

同样，现代社会，在与对手较量的过程中，我们也必须谨记这一点，而实际上，那些能够称得上对手的人，必定是与我们实力相差不大的，也是值得让你学习的人。要进步、要超越，就得战胜对手，并且不断寻找新的对手。在你没有战胜对手以前，在对手比你强大以前，与其说是对手，不如说是你的目标。

要战胜对手，就得了解对手的优点，重视对手的优点。而攻击对手的缺点，贬低对手、抹黑对手是无益的。知己知彼，百战百胜，连对手都不了解又如何取胜呢？当然任何时候形式都不可能完整地反映内容，除了表现出来的优点之外，对手身上还有许多没有暴露的优点，对手的身后有许多你注意不到的点点滴滴的努力，这都是你不了解的。所以要寻找对手隐藏和潜在的优点弥补自己的不足，才可以提高。

要战胜对手，就得低下身段，承认自己的不足，找到自己的缺点。谁最明白和了解你的缺点？当然是对手了，因为对手攻击时关注的就是你的缺点。在对手的眼里，也许你浑身都是缺点。但许多人总是听不得逆耳之言，受不得别人的批评，也就难以进步。因为，凡是能够刺痛你、让你不安的肯定是你的不足之处，只有认识到才能纠正，没有认识，何谈改正？更不要侈谈提高了。所以，我们要虚心、高兴、愉悦地感谢别人对你的攻击，因为被攻击后你能够更深刻地认识自己的短处和缺点。只有被打得越疼，才能越长记性。

心理策略

在生活中，我们要想战胜对手，就要先做好准备工作，只有找到对方的软肋，然后挖掘自己的强项，才能以强制弱，这样，胜利的概率才能大很多。

攻“城”先攻“心”

中国人常说：“以弱制强。”很多人输给对手，并不是因为对手比自己强大，而是败在自己的弱点上。当我们的软肋被对手掌握后，就意味着对方掌握了主动权。换个角度讲，当你面对劲敌时，硬攻不一定是最好的方法。要打败对手，就要找到其心理软肋，攻城先攻心，也就是给对手一个出其不意，对手必定毫无招架之力。

曾国藩在各大战役中，也巧妙地运用了攻“心”术，曾国藩认为：“喜欢钱的给银子，喜欢权的给位子。”从曾国藩的话里，我们认识到，与人打交道，尤其是与对手较量，最重要的就是掌握其心理。

阿喀琉斯，是凡人泊琉斯和美貌仙女忒提斯的宝贝儿子。忒提斯为了让儿子炼成“金钟罩”，在他刚出生时就将其倒提着浸进冥河，遗憾的是，乖儿被母亲捏住的脚后跟却不慎露在水外，全身留下了唯一一处“死穴”。后来，阿喀琉斯就是被赫克托尔的弟弟帕里斯一箭射中了脚踝而死去。

后人常以“阿喀琉斯之踵”譬喻这样一个道理：即使是再强大的英雄，他也有致命的死穴或软肋，即使再理性的人，在较量中，也不可能做到绝对的理性，人不是机器，只要我们细心留意，就能发现蛛丝马迹。

“二战”结束前夕，美军和日本的两支军队在太平洋的一个小岛上发生了一次争夺战。

日方的军队很精明，他们早在这座小岛上修建了很多地堡，而这些地堡大多建筑在熔岩之下，因此，坚固无比，美军根本无法攻进去，这让美军感到很无奈。

这时，一个工程技术员献计说：“我相信，再坚固的地堡都是有弱点的，只要我们找到它们的弱点，我们就能想办法攻进去，那样，我们就成功了。”

第二天，美军一改以往的作战方法——他们不再进行炮击，而是把这些火力器械改为推土机，当这些推土机出现在地堡前的时候，日方军队都愣住了，他们以为美军研发出来了一种新型武器，而当他们回过神来的时候，美军的推土机已经将所有的地堡通道口堵死了。

原来，这位工程技术人员只是转换了一种思维方法，既然无法攻进去，那么，就让这些日本人出不来，于是，美军采纳了他的建议，用坦克把事先搅拌好了的快速凝结的水泥推向地堡的通道。很快，这些水泥在被倒入通道口之后就凝结住了，日军很快就失去了抵抗之力，美军终于夺得了该岛。

这里，我们不得不佩服这位工程技术人员的智慧，他就是从反方面考虑，找到了日军碉堡的弱点，然后趁其不备攻破对手。因为，对手的弱点就是取得胜利的突破口。其实，现实生活中，我们在与对手较量的过程中，也可以采用这一方法，因为即使再强大的人，也有其弱点。

当今社会，竞争之激烈早已毋庸置疑，我们若想打败我们的竞争对手，也要掌握一些心理技巧，找到对方的要害、乘胜出击，就能始终立于不败之地。

从下例印度画商与美国画商的较量中，可以得到很好的启示：

这天，在一间比利时的画廊里，发生了这样一件事，引来很多人围观：

买卖双方分别是来自美国的和印度的，这位印度商人对于自己的其他画都开价在十美元左右，唯独对这个美国人看上的几幅画要加250美元，这让美国人感到很苦恼。于是，他决定还价看看。

谁知道，就在美国人提到画太贵了时，印度商人突然来了气，将自己的一幅画当场烧掉了。这让美国人很心疼。于是，他好言相劝，希望接下来的几幅画能便宜些，但他哪里料到，印度人居然又烧掉了一副。

最终，这个爱画如命的美国人再也沉不住气了，最后只好乞求画商不要烧掉这最后的一幅画，愿意将它买下来。

印度商人为什么会烧掉自己的画？难道他不觉得可惜？其实，他所做的这些，都是有备而来的，他早已看出了这个美国人爱画如命的心理弱点，果然，最终，这个美国人还是乖乖地付了原来的价钱买下了画。

我们可以说，任何一场对手之间的较量，打的就是一场心理战。双方都不愿意充当傻瓜，为此，对手往往会隐瞒自己的真实意图和需求以求占据有力地位。而我们若要顺利达到自己的目标，就要先摸清对方的底细，只有这样，在较量时，我们才能有底气。

那么，我们该运用怎样的心理策略呢？

第一，先收集资料，资料收集得越详细越好；

第二，仔细研究资料，找到对方的弱点和长处；

第三，掌握好时间，尽量在对手毫无察觉的情况下迅速出手，给对方一个措手不及。

总之，我们需要记住，任何一个环境中，都存在竞争的，要想打败别人，必须要多动脑筋，善于抓住他人的软肋，这才是制胜的良方。

心理策略

每个人都会有弱点，利用敌人的弱点就能多一分胜算。为此，我们在较量之

前，一定要做足准备，找到对方的弱点，并克服自己身上的弱点。

屡败屡战，终有胜利

古人云："有志者，事竟成，百二秦关终属楚；苦心人，天不负，三千越甲可吞吴。"这句话告诉人们的是，只要你坚持到底，无论梦想多大，都有实现的可能。我们常常发现，一些人在做事最初都能保持旺盛的斗志，然而，往往到最后那一刻，顽强者能咬紧牙关坚持到胜利；而懈怠者在这时放弃了希望，失去了自己应有的成功。

为此，我们应该懂得，任何一种策略，只有坚持才会有价值。也只有坚持到底的人，才能经受机遇的层层筛选，并最终获得它的垂青。

1854年初，曾国藩带领精锐部队一万人，加长夫等大概一万七千人，会师湘潭；他撰《讨粤匪檄》，檄文声讨太平天国，誓师出战，向西征的太平军进攻。初败于岳州、靖港，他愤不欲生，第一次投水自杀，被左右救起。写下《靖港败溃自请治罪折》，相当于遗嘱，但是没有发出，后在湘潭获胜，转入反攻，连陷岳州、武汉。继之三路东进，突破田家镇防线，兵锋直逼九江、湖口。后水师冒进，轻率战船突入鄱阳湖，为太平军阻隔，长江湘军水师连遭挫败，曾国藩率残部退至九江以西的官牌夹，其座船被太平军围困。

曾国藩第二次投水自杀，被随从捞起，只得退守南昌。其间，他上奏谢宽免处分恩折时有"屡战屡败"的话，幕僚李元度建议改为"屡败屡战"。

曾国藩一见为之大喜，以后就以屡败屡战为勉励自己的座铭言，他从一个文臣靠协办团练起家，不官不绅，其间用重典，背负曾剃头的骂名，屡被正规军排挤打压，终于排除万难，建立了第一支有战斗力的湘军，扫平太平军建立不世功勋，被后人赞赏有加，他的思想，意志影响了几十代人！而这一切的开始都应归于屡败屡战这句话了。

曾国藩一生培养了大量的文官武将，在众多的优秀品质中，坚持是曾国藩交给学生们的重要一课。如李鸿章、刘铭传等这些人，无不具备坚持不懈的品质。

的确，一个人，一旦有了坚持不懈的精神品质，无论以后他们处于哪一行业，都能做到奋力拼搏，成为佼佼者。当困难来袭时，他们能够比普通人拥有更快的反应速度，拥有更强的忍耐力和坚毅力。从不放弃，坚持不懈，是使他们走向成功的保证。

丘吉尔说过这样一句话："成功的秘诀就是：坚持、坚持、再坚持！"世上所有的，都产生于再坚持一下的努力之中了！成功也许真的只是一种"坚持"，坚持的时间越长，成功的机会就越大。凡事坚持，不屈不挠，就有了赢的姿态。

被拒绝了1000次之后，还敢去敲1001次门的席维斯·史泰龙就是靠毅力走向成功的。他在未成名之时，身上只有100美元和一部根据自己悲惨童年生活写成的剧本《洛奇》。于是，他怀揣着梦想，挨家挨户拜访好莱坞所有的电影公司，但遗憾的是，没有一家公司愿意录用他。

当时好莱坞有500家电影制片公司，史泰龙就被拒绝了500次。面对500次的拒绝，他依然没有灰心，他坚信，胜利就在下一秒。

于是，他开始了第二轮的拜访，从第一家公司开始，但结果依旧如此。再一次的打击依然没有打倒史泰龙。他没有放弃希望，他把1000次的拒绝，当作是绝佳的经验。接着他又鼓励自己从1001次开始。后来又经过多次上门求职，总共经历了1855次严酷的拒绝，终于有一家电影制片公司同意采用他的剧本，并聘请他担任自己剧本中的男主角。

史泰龙的成功，更加证实了坚持的道理。在机遇面前。行动固然重要，但坚持更为重要。

在追梦过程中，生活中的人们，永远都不要放弃心中的希望，如果遇到困难，就把困难当成人生的考验，不要在因难面前茫然退缩，更不要不知所措迷失自己，应该满怀希望地为着自己的梦想而努力，相信终有一天，你会走出低谷，走向光明。

的确，世间最容易的事就是坚持，最难的事也是坚持。成功在于坚持，这是一个并不神秘的秘诀。法国启蒙思想家布封曾说过：“天才就是长期的坚持不懈。”的确，无论我们做什么事，要取得成功，坚持不懈的毅力和持之以恒的精神是必不可少的，它将是我们取得成功的法宝。歌德用激励的语言这样描述坚持的意义：“不苟且地坚持下去，严厉地鞭策自己继续下去，就是我们之中最微小的人这样去做，也很少不会达到目标。因为坚持的无声力量会随着时间而增长到没有人能抗拒的程度。”

坚持不是原地踏步，它是在逆流中向前，是顶着压力向上，它是积极地争取，而不是无奈地等待……你也许正在黑暗的夜色中摸索，但紧接着到来的不就是光明的早晨吗？坚持是一个过程，往往还是一个漫长的过程。只有保持一种坚韧不拔、百折不挠的执着和顽强，保持足够的耐心和毅力，才有可能走完这个过程。

几年以前一个世界探险队准备攀登马特峰的北峰，在此之前从来没有人到达过那里。记者对这些来自世界各地的探险者进行了采访。

一位记者问其中的一名探险者：“你打算登上马特峰的北峰吗？”他回答说：“我将尽力而为。”

记者问另一名探险者：“你打算登上马特峰的北峰吗？”这名探险者答道：“我会全力以赴。”

记者问了第三个探险者同样的问题。他说：“我将竭尽全力。”

最后，记者问一位美国青年：“你打算登上马特峰的北峰吗？”这个美国青年直视着记者说：“我将要登上马特峰的北峰。”

结果，只有一个人登上了北峰，就是那个说“我将要”的美国青年。他想象自己到达了北峰，结果他的确做到了。

信念上超前一些，行动就会领先一步，成功的概率也就越大一些。成功的秘诀就是，当你渴望成功的欲望就像你需要空气的愿望那样强烈的时候，你就会成功。

目标有时遥遥无期，总也望不到头。你也许正在艰难中坚持却疲倦不已，如果这时放弃，以前的努力都将白费，所花的心血都是徒劳；而只要再坚持一会儿，再加一把劲儿，眼前就有可能是别有洞天，豁然开朗。当你拨开迷雾重见阳光的一刹那，你会觉得所做的再苦再累都是值得的。

心理策略

成功与失败的比例若是三七开的，坚持的时间越长，成功的机会就越大。凡事坚持，不屈不挠，就有了赢的姿态。

战略正确，就坚决执行到底

成功的人之所以能够成功，就是因为他们有坚忍不拔的毅力，能看到困境中的希望，并把失败化作无形的动力，从而最终反败为胜。也许我们都有自己的梦想，但无论选择什么目标，都要有勇气，要勇往直前，在这条路上，你不但要拥有坚韧和耐心，还要做到眼光长远，坚定必胜的信念，这样即便再苦、再累，也会勇敢地与困难拼搏，那么，就一定能有所成就。

在曾国藩“三十六字诀”中，有这样一条：“若能坚持，必成大器。他认为，成天下大事，必须具备三点：一为坚持，二为专注，三为渐进。

在曾国藩镇压太平天国运动后期，曾国藩自知在和太平军交手的过程中几乎没有胜利的希望，但他坚持了下来，最终，因为太平天国内部矛盾，最终他胜利了。

曾国藩在大战略上的坚持，足以反映出他卓有远见。曾国藩告诉我们，坚持是成功者的一大特质，要小心珍藏它，但要与固执划清界限。所以，我们可以说，只要战略正确，就要坚决执行到底。

不怕吃苦的人才会有所成就。在你的人生路上，也许会沼泽遍布，荆棘丛生。也许会山重水复，也许会步履蹒跚，也许，你们需要在黑暗中摸索很长时间，才能找寻到光明……但这些都算不了什么，一个人能把握自己该干什么，那么就应该勇敢地去敲那一扇扇机会之门。

然而，我们也知道，无论做什么事，都有可能遇到困难，在困难面前，大部分人会选择放弃，而只有少数人还能坚持到最后的原因是因为在困难面前懂得使用催眠法自我调整，他们坚定地相信自己坚持下去就一定会取得最后的成功，而大多数人却因为暂时的困难和挫折蒙蔽了自己看到希望的眼睛！

1952年7月4日的清晨，浓浓大雾笼罩整个海岸，一位34岁的妇女，从海岸以西21英里的卡塔林纳岛上涉水下到太平洋中，开始向加州海岸游过去。这次，如果她成功了，她就是第一个游过这个海峡的妇女，这名妇女叫费罗伦丝·查德威克。

在此之前，她是从英法两边海岸游过英吉利海峡的第一个妇女。当时，雾很大，海水冻得她身体发抖，她几乎看不到护送她的船。时间慢慢前行，千千万万的人在电视上看着。在以往这类渡游中，最大的困难不是疲劳，而是冰凉刺骨的水温。15个钟头之后，她浑身冻得发麻又很累。她感觉自己不能再游了，就叫人把她拉上船。

在另一条船上的她的母亲和教练都告诉她海岸已经很近了，叫她不要放弃。但她朝加州海岸望去，除了浓雾什么也看不到。几十分钟之后，人们将她拉上船。又过了几个钟头，她渐渐暖和了，这时她回忆起自己渡游的经历。她不假思索地对记者说："说实在的，我不是为自己推脱，如果当时我看见陆地，我能坚持下来。"人们拉她上船的地点，离加州海岸只有半英里！

后来她说，令她半途而废的既不是疲劳，也不是寒冷，而是因为她在浓雾中看不到目标。查德威克小姐一生就只有这一次没有坚持到底。两月后的一天，她成功地游过了这个海峡。她不但是第一位游过卡塔林纳海峡的女性，而且她以超出两个钟头的成绩打破了男子纪录。

这一故事中的女主人公查德威克的确是个游泳好手。为什么第一次他没有游过卡塔林纳海峡，正如她说的，因为她看不到目标，看不到终点，最终她放弃了。而在第二次的尝试过程中，她能游过同一海峡，是因为她鼓起了勇气。

对于任何人来说，在追求成功的过程中都会遇到挫折与失败。挫折是生活的组成部分，万事万物无一不是在挫折中前进的。即使是灾难也不足以让你垂头丧气。有时候，可能一次可怕的遭遇会使你备受打击，认为未来都失去了意义。在这种情况下，你必须相信：灾难中也常常蕴含着未来的机遇。

也许在一些人看来，吃苦受累是失败的表现，诚然，经历苦难是一种痛苦，因为苦难常常会使人走投无路，寸步难行，苦难常常会使人失去生活的乐趣甚至生存的希望。但目标远大的人，都能看到苦难背后的力量，他们甚至认为吃苦是人生一种重要的体验和千金难买的财富。

法国杰出的军事统帅拿破仑·波拿巴曾说过这样一句话："我成功，是因为我志在成功。"

拿破仑幼时的生活十分清苦。他的父亲是出身科西嘉的贵族，后来家道中落而一贫如洗。但他仍多方筹措费用，把拿破仑送到柏林市的一所贵族学校去求学。拿破仑破衣蔽履，常受那些贵族子弟的欺负和嘲笑。

就这样，拿破仑忍受着那些同学的作威作福，继续求学了5年之久。在这5年里，他受尽了同学们的各种欺负凌辱，但每受一次，就使他的志气增长一分，他决心要把最后的胜利拿给他们看。

他心里暗自计划，决定好好痛下苦功、充实自己，使自己将来能够获得远在那些纨绔子弟之上的权势、财富和荣誉。因此，当同伴们利用闲暇时间自娱时，他则独自苦干，把全部精神都放在书本上，希望用知识和他们一争高下。

拿破仑读书有着明确的目的，他专心寻求那些能使他有所成就的书来读。他在孤寂、闷热、严寒中，从不间断地苦学了好几年，单单从各种书籍中摘录下来的文摘，就可印成一本4000多页的巨书了。此外他更把自己当成正在前线指挥作

战的总司令，把科西嘉当作双方血战的必争之地，画了一张当地最详细的地图，用极精确的数学方法，计算出各处的距离远近，并标明某地应该怎样防守，某地应该怎样进攻。这种练习，使他的军事知识大大进步。

拿破仑的上级认识到他的才学之后，就将他升任为军事教官。从此，他便逐渐飞黄腾达起来，直到获得全国最高的权势。

拿破仑的成功向人们证明了一点：艰难困苦中能否崛起，考验的是你的毅力。因为压力也会让人产生巨大的潜在力量，所以你要学会挑战自己，淘汰自己，让自己面对困难和挑战，这是你前进的动力。

心理策略

很多人之所以不能迈出人生的关键一步，就是因为每当他感到压力的时候，就会一蹶不振，很难把失败的惩罚当作不断前进的新动力。不怕吃苦，执着于对的理念，总有一天你会交上好运的。

运用稳慎的用兵策略

《孙子·谋攻篇》中曾说：“知己知彼，百战不殆；不知彼而知己，一胜一负；不知彼，不知己，每战必殆。”意思是说，在军事纷争中，既了解敌人，又了解自己，百战都不会失败；不了解敌人而只了解自己，胜败的可能性各半；既不了解敌人，又不了解自己，那只有每战必败的份了。自古以来所有的战斗中，成功者之所以成功，就是因为了解对手，而失败者之所以失败，重要原因之一就是对对手的忽视和轻视。所以，我们要想在较量中取胜，就要先了解对方，这才是稳慎的心理策略。

太平天国运动后，曾国藩创立了湘军。他以亲友、师生、同乡为骨干，招募那些朴实，但缺乏社会经验的农民当兵。湘军被人称为“曾剃头”。他借着督办团练的机会，截留朝廷过往的赋税、饷银，私自卖官、开征，用来购买了1000多门洋炮，置办了300余艘战船。一年之间，湘军陆营、水营兵力达到17000余人。

在太平军西征部队的进击下，绿营兵节节败退，清政府一再下令湘军增援，老谋深算的曾国藩不愿轻易冒险，一边抗旨拖延，一边加紧了湘军的军事训练，公元1853年底，太平军攻克湖北黄州，咸丰帝不得不亲笔写信给曾国藩，说，已经火烧眉毛了，要他“激发天良”，出兵打太平天国。曾国藩感到军事准备已经完成，这才同意出兵作战。从此后，湘军就成了太平军最主要和最凶恶的敌手。

湘军给太平军沉重的打击，也挽回了局部战场的颓势。从曾国藩的用兵策略中，我们看出，要想战胜对手就要先做好准备工作，只有找到对方的软肋，然后挖掘自己的强项，才能以强制弱，这样，胜利的概率才能大得多。

现代社会，竞争激烈，每个人都有一个或者几个对手，要想击败他们，我们除了积累自身实力外，还要隐藏好自己，做到知己知彼，等待时机一击即中，能帮助你轻松取得胜利。

隋炀帝年间，皇帝十分残暴，人民越来越忍受不了隋炀帝的暴行，于是，纷纷起义，甚至出现很多官员倒戈的现象，转向农民起义军，因此，隋炀帝的疑心很重，对朝中大臣，尤其是外藩重臣，更是易起疑心。唐国公李渊曾多次担任中央和地方官，所到之处，悉心结识当地的英雄豪杰，多方树立恩德，因而声望很高，许多人都来归附他。这样，大家都替他担心，怕遭到隋炀帝的猜忌。

正在这时，隋炀帝下诏让李渊去行宫晋见。而李渊此时正生病卧床，根本无法前往，隋炀帝很不高兴，产生了些许怀疑。当时，李渊的外甥女王氏是隋炀帝的妃子，隋炀帝向她问起李渊未来朝见的原因，王氏回答说是因为病了，隋炀帝又问道：“会死吗？”

王氏把这消息传给了李渊，李渊更加谨慎起来，他知道迟早会被隋炀帝所不容，但过早起事又力量不足，只好隐忍等待。于是，他故意广纳贿赂，败坏自己的名声，整天沉湎于声色犬马之中，而且大肆张扬。隋炀帝听到这些，果然放松了对他的警惕。这样，才有后来的太原起兵和大唐帝国的建立。

李渊的做法是典型的韬晦之术，假如李渊当初不是自毁声誉、低调做人，而是怒火中烧或者起兵的话，恐怕会在实力悬殊、时机不成熟的情况下失败，也就不会有了后来造福于黎明百姓的大唐盛世。

李渊这一境遇，自古以来，很多成功人都遇到过，在与对手较量的过程中，他们一般都懂得隐忍，在时机不成熟、不足以与对方抗衡的的情况下，故意制造出一种假象，暗中积极准备、以奇制胜，以有备胜无备，这样做的目的是为了减少外界的压力，或使对方降低对自己的关注，一般情况下，都能出其不意，克敌制胜。而过分的张扬自己、表现自己的人，往往就会经受更多的风吹雨打，因为暴露在外的椽子自然要先腐烂。

卡耐基曾经在媒体上说过这样一句话“尾声只是开始”，石油大王洛克菲勒认为，卡耐基是想表明成功是一个不断繁衍的过程。每一个伟大的成功者，都是用一个个小的成功把自己堆砌上去的，这是每一个创造了伟大成就的人的品质。但如何开始一个新的梦想呢？应该是千方百计地掌握优势、击败对手，对此，他提出了三个策略。

第一个策略：密切注意竞争者的资源和状况，刚开始时，你可能不知道对方是什么情况，此时，你就要像狮子一样扑向他，不给他任何机会。

第二个策略：分析、研究对手的情况，然后运用各种知识，形成自己的优势。

知己知彼，才能百战不殆，在了解了对方的优点、弱点、做事的风格和性格特点后，我们总能找到自己在竞争中的优势。

第三个策略：找到目标后，你就要下定决心，一定要实现它，这中间肯定会有一些限制，但你必须全力以赴。在竞争开始时更应如此。说得好听一点，就是努力取得早期的优势，希望建立独占的地位，说得难听一点，付出努力等于让别人减少一个机会。而与此同时，我们还要积极而勇猛，要有吞下鲸鱼的胆量。我相信，天才的竞争者总是由勇士来承担，这是千古不易的规律。

洛克菲勒提出的这三个规律，其实是要告诉处于竞争中的人们，对手都是有弱点的，如果我们能找到对方的弱点，那么，将会为我们省去很多工夫。

心理策略

与对手较量，要运用稳慎的用兵策略，在过招前，我们应该先有所准备，做足准备工作，多了解对方，了解其弱点，那么，对方一定会被你击败！

第06章 做事要诀，争权让权的心理策略

一直以来，人们对曾国藩的评价都是褒贬不一的，一些人认为曾国藩是权谋的代表，其实这是对他的误解，作为一个官员，他也必须跟现实妥协，做到内方外圆。而细细分析曾国藩的一生，我们发现，他身上有着过人的为人处世的智慧。从他身上，感受到的是中国历史文化中的领导力的深沉厚重。而我们应该从他身上学会如何做事，只有这样，我们才能找到自己的行事准则，才能顺风顺水，达成所愿。

把大事和要事放在第一位

现代社会，人们都关心一点：做事效率。因为时间已成为一种有限的资源，时间就是金钱，时间就是生命。然而，人们似乎总还是觉得时间不够用，总是觉得效率不高，最重要的是，一些看来重要的事似乎总是被落下，这是为什么呢？其实，这主要是因为人们总是把那些最重要的事情放到最后处理，而人的精力总是有限的，当我们工作一段时间后，势必会觉得疲乏，那些最重要的事也就无心处理了。

其实，在中国古代，人们对于做事就提出了一些具体的要求，比如曾国藩，我们都知道，他虽然是个惜才爱才的人，但他对部下也提出了很多的要求，其中重要的一点就是办事有条理。这也是他挑选官吏的重要原则之一。

同样，如果我们在做事之前先静下心来，厘清思绪，合理安排，列出事务处理的先后顺序并将重要的事优先处理，那么，事情往往会达到事半功倍的效果。

这天，伯利恒钢铁公司总裁查理斯·舒瓦普曾会见效率专家艾维·利。

见面不久，利就称他能帮助舒瓦普把他的钢铁公司管理得更好。而舒瓦普却说自己很擅长管理，不过事实上，他的管理确实不怎么令人满意。他告诉利，他已经不需要那些书本上的管理知识了，他需要的是实际行动，他需要的是如何更好地执行计划。

接下来，利说可以在10分钟内给舒瓦普一样东西，这东西能使他的公司的业绩提高至少50%。然后他递给舒瓦普一张空白纸，说："在这张纸上写下你明天要做的最重要的六件事。"过了一会儿又说："现在用数字标明每件事情对于你和你的公司的重要性次序。"这花了大约5分钟。他接着说："现在把这张纸放进口袋。明天早上第一件事情就是把这张纸条拿出来，做第一项。不要看其他的，只看第一项。着手办第一件事，直至完成为止。然后用同样方法对待第二件事、第三件事……直到你下班为止。如果你只做完第一件事情，那不要紧。你总是做着最重要的事情。”

利又说：“记住，以后每天你都要这样做，如果你觉得这种方法奏效，那么，请你的职员们也这样做。这个实验你爱做多久就做多久，然后给我寄支票来，你认为值多少就给我多少。”

这场见面会才不到半个小时，但就在几个星期后，效率专家艾维·利就收到了一张25万美元的支票，还有一封信。信上说从钱的观点看，那是他一生中最有价值的一课。后来有人说，五年之后，这个当年不为人知的小钢铁厂一跃成为世界上最大的独立钢铁厂，而其中，艾维·利提出的方法功不可没。这个方法为舒瓦普赚得1亿美元。

的确，生活中很多人都感到时间不够用，觉得自己太忙，但却总是把那些重要的事一拖再拖，以至于总是忙不出头绪来。

于是，我们会选择做个时间计划表，时间被安排得满满当当，所有事务也都被安排进去，但实际上，我们再执行的时候，依然发现很难完成。这是为什么呢？因为这份计划表缺乏条理性。

无论是工作还是生活，是要有章法的，不能眉毛胡子一把抓，要分轻重缓急，这样才能一步一步地把事情做得有节奏、有条理，达到良好结果。法国哲学家布莱斯·巴斯卡所说：“把什么放在第一位，是人们最难懂得的。”那么，我们该如何有计划地安排自己的时间呢？

以下是两个建议：

1. 每天开始都有一张优先表，把事情按先后顺序写下来

每天一大早挑出最重要的三件事，当天一定要能够做完。而且每天这三件事里最好有一件重要但是不急的，这样才能确保你没有成为急事的奴隶。

把一天的事情安排好，这对于你成就大事是很关键的。这样你可以每时每刻

集中精力处理要做的事。但把一周、一个月、一年的时间安排好，也是同样重要的。这样做给你一个整体方向，使你看到自己的宏图。

真正的高效能人士都是明白轻重缓急的道理的，他们在处理一年或一个月、一天的事情之前，总是按分清主次的办法来安排自己的时间。

2. 再按照事物紧急和重要程度来安排时间

大致来说，事务可以分为四种类型，管理者应该根据每种事物类型来安排工作的先后顺序。

首先，紧急且重要。这类事指的是火烧眉毛之事，比如，事关企业效益的事、重要会议、亲人生病需送医院等。对于这类事，一般都不可马虎，在众多事情中，理应首先处理。

其次，紧急但不重要。对于接打电话、批阅文件、日常会议等事务，也需要管理者赶快处理，但不宜花过多的时间。

再次，重要但不紧急。有些事务，诸如人才培养、远景规划等，看起来并不紧急，可以从容地去做，但却是管理者要下苦工夫、花大精力去做的事，是管理者的第一要务。

最后，不紧急也不重要。包括无意义的会议、可不去的应酬等。对于这类事务，管理者可先想一想：“这件事如果根本不去理会它，会出现什么情况呢？”如果答案是“什么事都没发生。”那你就应该放慢脚步甚至是停止了。

心理策略

在工作和生活中每天都有干不完的事，唯一能够做的就是分清轻重缓急，同时理解急事不等于重要的事情。只要我们合理安排时间，大可以不慌不乱，甚至有一些充裕的时间享受生活。

待人接物恭敬不傲慢

中国有句古话：“世事洞明皆学问，人情练达即文章。”这句话的通俗含义是，对社会上的事都明白了，那就是学问；处理人情事故干练而通达，那就是文章。的确，人的一生无非是做人与处事，任何一个人，在离开学校以后，都应该褪去身上的学生气，摒弃孩提时代的无知，增添一些世态心，待人接物要做到谦逊谨慎而不傲慢，毕竟社会是个复杂的大课堂，也自有它的原则，这是你在学校课堂上永远学不到的东西。如果你毫无“城府”，贸然冲撞，就会处处碰壁。适应这种规则并掌握这种规则，皆是左右你人生的大学问，比理论知识更重要也更实际。

曾国藩是一个让人尊敬的人，除了他广纳贤才，还因为他的为人处世之智慧，他曾说过：“二曰主敬则身强。内而专静纯一，外而整齐严肃，敬之工夫也；出门如见大宾，使民如承大祭，敬之气象也；修己以安百姓，笃恭而天下平，敬之效验也。聪明睿智，皆由此出。庄敬日强，安肆日偷。若人无众寡，事无大小，一一恭敬，不敢懈慢，则身体之强健，又何疑乎？”

这段话教给我们该怎样做人，怎样办事。曾国藩是一个处谙有谋的旷世奇才。在乱世中，他由一介布衣而位极人臣，一生功名显赫，为清朝建立了丰功伟业，显示了过人的处事智慧。他的一些做人办事准则成了我们生活中衡量自己的一些标准。他教给我们做事要做到恭敬不怠慢，这样才能将事情做好。

小娟毕业不久，就找了一份很让同学羡慕的工作。于是，小娟总是开心地、努力地工作着，但她不明白的是，为什么自己越来越受冷落呢？原来，事情就坏在她的一张嘴上。

小娟因为个性活泼，在刚进公司的那一段时间，一度成为办公室的“开心果”。不过，久而久之她不假思索的讲话方式，逐渐令人生厌。

有一次，她看到前辈张姐穿了一条漂亮的裙子进门，立即开始赞叹起来：

"张姐，你的裙子好漂亮哟！"她一看，这是条名牌裙子，就顺便再多说一句："这条裙子至少要1000多元吧？你还真有钱！"本来笑容满面的张姐，表情顿时添了一份尴尬。

月底，又要发奖金了，会计不小心让小娟看到了王小姐的工资条。小娟立即在办公室宣扬起来："小王啊，你真是有能耐，我们同时进公司的，你的奖金怎么这么多，一万多元，恭喜呀！"公司对每个人的奖金是保密的，经小娟这么一"恭喜"，王小姐有了一丝不悦。

类似这样的事情很多，久而久之，大家都不敢和小娟多说话了，大家也议论开了：小娟很开朗，就是喜欢什么都拿出来说。""还是太小了，不懂事。""不是不懂事，是修养问题呀！"

渐渐地，小娟也不怎么开心了，因为她明显的发现，大家好像不怎么喜欢自己了，自己讲话时，办公室听众少了，就连讲笑话接茬的人都没有了。

祸不单行，最近小娟又惹到上司了：因为公司业务上升，她对加班有了一些不满："老板怎么这么小气，不给我们加班工资？"结果这话很快传进老板耳朵里，她被叫去问话："听说不给你加班费，你就要罢工了？"

担心被开除，小娟连连认错，不过她心里不服，自己哪有要罢工，只不过心直口快而已。

事实上，小娟的确没有做错什么，只是，她忘记了，作为职场新秀，必须得懂得人情世故，尤其是说话，话绝不能抢着说，要想着说，办公室交流是必要的，不过一些大家忌讳的东西最好少说为妙。她的心直口快，刚开始大家能忍受，但没有人希望成为她的话柄，于是，"惹不起躲得起"，小娟就被孤立了。

古人云："良贾深藏才若虚，君子盛德貌若愚。"这句话的意思其实就是：聪明的商人总是隐藏其宝物，君子品德高尚，而外貌却显得愚笨，这就是一种低调，低调做人是非常值得赞赏的一种做人的品格。

在这个错综复杂、五彩缤纷的世界里，不同的人有不同的命运，有的人一生乐观豁达，与世无争，他们谦虚好学，平步青云，一路欢乐，让人赞扬和钦佩；

而有的人则骄傲自满、处处受阻，最终郁郁寡欢，碌碌无为，抱恨终生，遭人非议、鄙视、唾弃。很明显，我们都愿意选择前者，其实，这两种人生境遇的差异，究其原因，是为人“调”不同，低调做人是一种生存的大智，是一种韧性的技巧，是做人的美德。

为此，与人沟通时，要想表达你虚怀若谷的态度，需要做到。

1. 多审视别人的长处和自己的短处

因为具有骄矜之气的人，大多自以为能力很强，很了不起，看不起别人。由于骄傲，往往听不进去别人的意见；由于自大，做事专横，轻视有才能的人，看不到别人的长处。因此，待人处事，要多审视自己的短处，看到别人的长处，才能逐渐变得谦卑。

2. 受他人指教时多倾听

老师、长辈向我们传达经验的时候，我们尽量不要打断对方说话，大脑思维紧紧跟着他的诉说走，要用脑而不是用耳听。

3. 主动向他人请教

你的人生才刚刚开始，需要你学习的东西实在太多，切不可恃才傲物。无论是学习上的问题还是生活琐事，你都应该虚心地向他人请教，你请教的对象可以是老师、家长、同学，甚至可以是陌生的路人。

4. 认真听取别人的意见

如果有人当面向你提意见，那么，你千万不要不耐烦，也不要随便打断对方的谈话。无论对方的观点是对是错，你都不要冒然地反对或者批评对方：“你这是废话！”“错了！”。即使你有这样的念头，也不要表达出来，以免刺激对方，使他们心灰意冷，甚至真的对你转变为敌对立场。

5. 谦卑不是客套

无论是语言还是行为，只有发自内心，才能真正打动人。然而，我们发现，生活中，就是有这样一些人，他们无论与谁交流，都把“请”，“对不起”挂在嘴边，给人的感觉是过分客套，搞得别人很不舒服，这就很难说是真诚。这里缺

少点什么呢？就是坦诚和直率！人们喜欢与谦逊的人交往，但却不喜欢过分客套，直抒胸臆，坦诚待人，更能吸引他人。

当然，做人要谦和，并不是要你事事都听从他人，过分顺从就是奴性。人与人之间的关系只有做到平等，才能彼此尊重，互相景仰，才能互换真心。

心理策略

为人谦恭、不怠慢，这不但是做人成熟的标志，是保护自己的一种策略，也是是为人处世的一种基本素质，我们应该像向日葵一样，在成长的过程中，它们镶嵌着金黄色的花瓣，高昂着头，但一旦籽粒饱满，它便会低下沉甸甸的头，因为它成熟了、充实了。

推权让利，功归于上

现代社会，对于身处职场的我们，如果你是下属，毋庸置疑都需要与上级打交道，需要你有作为下属的姿态，懂得为上司鞍前马后，在功劳降至时，你要推功于上级，不要抢上司的风头。表面上看，这似乎对你不公平，但实际上，你却赢得了上司的信任，也获得了驰骋职场的通行证。

这一点，曾国藩给其弟曾国潢家书中写道：“千里修书只为墙，让他三尺又何妨？万里长城今犹在，不见当年秦始皇。”这一家书是引用了清宰相张英的名言，也就是教育我们要有谦让的美德，在利益面前不争抢。曾国藩还告诫儿女、家眷：“今家中境地虽渐宽裕，且有福不可享尽，有势不可使尽。”“力戒名利之心和世俗偏见”等。

上级就是带领大家共同实现目标的那个人，要实现目标就需要智慧，不仅需要懂得领导的智慧，更需要解决问题的智慧，当上级深陷困境，如果你既懂得安慰领导，又有工作能力，你肯定能够和领导成为事业搭档，还能够成为心灵的知己。

一个精明的英国人曾经说过："一个人在世界上可以有许多事业，只要他愿意让别人替他受赏。"当我们帮助领导出谋划策，取得工作上的胜利后，一定不要居功自傲，而要继续积极支持领导，听候调遣，最重要的是学会牺牲个人荣誉，这不仅不会损害自己的"身价"，而且会取得领导的信任。如果你与你领导的关系十分牢固，你会发现这种做法将会有利于长远的利益和奋斗目标。

陈晓是某大型外企采购部的一名职员，平时工作勤勤恳恳，领导对其印象不错。

一次，总公司下达了一个采购命令，预计2000万元购进一批钢材，正当采购部经理准备去钢材厂提货时，陈晓突然想到另外一种采购方法，可以节约200万元，因为公司上次在建筑工地的好多钢材一直废置。采购部经理听完，很感激陈晓。但是，陈晓没有把功劳记在自己名下，而是以领导名义申报的，在公司大型聚会上，他面对领导和广大员工说："我真的是太钦佩领导的智慧了。"因为陈晓的名言是：领导第一，才有利益。最后结果是领导得了荣誉，陈晓悄悄得了奖金。两人的关系更拉近了一步。半年后，当领导退休时，第一个推荐陈晓接任自己的工作。

很明显，下属陈晓的做法是明智的，他把功劳给了领导，为领导挣到了面子，领导自然会感激他、信任他，一旦有升职的机会，自然也就会想到他。而实际上，职场中的有些人，他们经常会犯这样的错误，就是从不放过任何表现自己的机会，甚至和领导抢镜，结果让领导失了面子，一些心胸狭隘的领导会为此怀恨在心。

工作是我们参与职场生活的重心，需要接受并完成任务，自然涉及到功过荣辱。但当功过得失涉及领导的时候，我们绝不可斤斤计较，试图证明自己比领导聪明、办事能力强。职场中，那些甘愿把功劳让给领导，能牺牲个人荣誉的人看似碌碌无为，其实，这些人是大智若愚，小小的付出便得来更多的信任。

那么，面对这些功过得失，我们该怎么做呢？

1. 不抢上级功劳

任何一个企业或者单位，都会举办某些庆功的活动，领导和下属一般都会一起参加，在这种场合下，我们千万不要抢领导功劳。

客观上讲，一个企业或者一个单位，任何一项成绩的取得都不是一个人努力的结果，一定有领导的安排、指点、影响，有同事的协助、支持、配合，而在分享这一成果的时候，领导们要的很少，往往只是一个心理上的满足，而我们要做的就是满足领导的这种心理。

在公共场合，有些下属很不知趣，有意无意地抢走了领导的光芒，脸是露了，可是也让领导心中不快，这样，在日后的工作中，领导是不会给你好脸色看的。其实，聪明的下属，很懂得转让光彩，把自己的功劳归功于领导。虽然这样做会有委屈自己和逢迎拍马之嫌，但谁让你是部属而他是领导呢？做领导当然要光彩夺目，如果不是如此而是相反，那领导自然容不下你。

2. 善于牺牲个人荣誉，巧妙转让光彩

有时候，我们要学会牺牲个人荣誉，你可以让他代你接受因你的设想或发明而得到的荣誉，你会发现这种做法将会有利于长远的利益和奋斗目标。

3. 不该说的不说

在公共场合，我们一定要保持清醒、管好自己的嘴，说话之前先仔细斟酌，因为有些话该说，有些话不该说。那什么是该说的，什么是不该说的呢？把握一条原则：任何时候都不要为了表现自己而忽略领导，更不在众人面前抢领导的风头。公众场合中，在领导面前表现得愚钝一点才是聪明之举。因为只有你的愚钝才能显出领导的聪明。

另外，千万不要让任何荣宠冲昏了头，永远不要异想天开，以为上司喜爱你，就可以为所欲为，受宠的部属自以为地位稳固，胆敢抢主子的风头，最终失宠的事例简直不胜枚举。

4. 公共场合，维护上级的举止也要适度

作为下属，为领导鞍前马后是必要的，尤其是公共场合，我们更要维护领导的权威和尊严。这是下属应尽的职责，还关系到上下级能否建立良好关系。但是特别要注意，这种维护方式应当含蓄和隐蔽一点，千万不要太显山露水、太露骨了。否则会让人感觉你是一个溜须拍马的小人。

当然，维护领导是有原则的，应该是理智的，不能盲目，不能把对领导权威的维护当成对某个人权力的维护，甚至连领导的错误也帮其遮掩，这样做，不但会引起其他同事的不满和反对，更有可能会为企业带来损失。

总之，在职场，我们既要做好工作，也要尊重上司，这似乎比较矛盾，但其实做好了后者，得到了领导的信任，会更有利于做好工作，在实际工作中二者一点也不矛盾。

心理策略

职场的成功不仅仅在于你能力的大小，还在于你是否会交朋友，其中，最重要的一点就是你是否能把上级变成和你站在统一战线的人。而做到这点，你就必须做到淡化锋芒，祛除骄躁，放下眼前的小荣誉，把功劳转让给上司！

严格修身，不投机取巧

任何一个人，如果想获得成功，都不可能做到一步登天，从底层做起，勤奋工作才是唯一可靠的出路。然而，我们发现，现代社会，随着市场经济的逐渐推广和文化的多元化，有些人为了追求成功，开始变得投机取巧、走捷径。要知道，脚踏实地的努力，积累实力是才是成功的秘诀，任何“空中楼阁”都经不起时间和岁月的考验。

曾国藩在军队管理上，从“勤、实”二字为出发，在他看来，带兵打战一定要勤奋、要脚踏实地，要从点滴的小事做起，绝不能投机取巧，只有这样，才能见到成效。而在为人处世上，他时常自称“钝拙”，因而主张去伪崇拙，不尚机权，以“拙诚”破“机巧”。曾国藩终身笃信“天道忌巧”，做事不能投机取巧，要舍得下苦功夫、硬功夫。但凡有所成就的人，无一不是把自己狠狠“逼”出来的。这一点很有道理，我们在工作中，绝不要投机取巧，一定刻苦研究，更扎实、更严格地要求自己。

同样，在这个追求个性张扬的年代，没有主见、人云亦云的确不会成功，唯有脚踏实地，充实自己、手握底牌，才会底气十足，才会获得成功。毕竟，现代企业，最排斥的就是眼高手低、满口大话，而没有实际行动和真正工作能力的人。

有这样一个故事：

在日本的一家小工厂里，有一位工人，初中学历。

他的上司总是对他说：“这事要这么做”，无论上司说什么，他总是一一记下，生怕漏了什么。每天，他的话都不多，总是埋着头在做他自己的事，双手黏黑，额头流汗。无论上司布置什么任务，他都日复一日，不厌其烦地认真完成。在工厂里他毫不显眼，一直默默无闻，但从无牢骚，也从无怨言，兢兢业业，孜孜不倦，持续从事着单纯而枯燥的工作。

20年后，当他已经离职的老上司再看见他时，吃了一惊。当年那么默默无闻、只是踏踏实实从事单纯枯燥工作的人，居然当上了事业部长。令他惊奇的不仅是他的职位，从言谈中他体会到，这位工人已经是一个颇有人格魅力、且很有见识的优秀的领导。“取得今天这样的成就，你很棒！”

的确，这位工人看上去毫不起眼，只是认认真真、孜孜不倦、持续努力地工作。但正是这种坚持，使他从平凡变成了非凡，这就是坚持的力量，是踏实认真、不骄不躁、不懈努力的结果。

就业之初，若想成为职业化员工，你就要从基层工作做起，这是一种带有规律性的认识成果，具有普遍的指导意义。万丈高楼平地起，任何人职业生涯的成功都是从基层做起的，要想成为高级工程师，就得从技术员做起，要想成为一名将军，就得从战士做起，要想成为一个营销总监，就得从业务员做起。

所以，对于手头工作，我们一定要树立踏实的态度。要想获取成功，就得付出坚强的心力和耐性。艾森豪威尔说："在这个世界，没有什么比'坚持'对成功的意义更大。"的确，世界上的事情就是这样，成功需要坚持。雄伟壮观的金字塔之所以能够建成，正因为它凝结了无数人的汗水；一个运动员要取得冠军，前提就是必须要坚持到最后，冲刺到最后一瞬。如果有丝毫之松懈，你就会前功尽弃，因为裁判员并不以运动员起跑时的速度来判定他的成绩和名次。

然而，我们不得不承认的是，浮躁的现象在当今社会中普遍存在，具体的表现在：事情才刚刚坐到一半，有些人就觉得已经大功告成了，便开始松懈起来；急功近利，只讲速度，不讲质量，看不起眼前的小事，认为干它没有什么意义；自己的兴趣没有被提升起来，挑战自己和别人的欲望也被压抑着。

一般而论，职业生涯的基础打得越扎实，其成长、成功的空间就越高。只有将基层工作了解透了，做事到位了，才能开始做比较复杂和难度较高的工作，这就是循序渐进的道理。

从基层做起，要遵循如下三个方法。

1. 调整心态

年轻人就业从基层做起，有一个调整心态问题。有的年轻人对从基层工作做起的观念不屑一顾，认为自己是干大事业的，这种就业心态必须要调整。想干大事业，同从基层工作做起并不矛盾，把基层工作的小事情做好，才能为今后干大事业打好基础，因此，你一定要培养乐于从基层做起的心态，只有心态调整好了，才能在基层工作领域增长知识和才干。

2. 耐得寂寞

基层工作大多是琐碎的、重复的，很难给人以快乐和挑战的感受，产品研发人员在生产车间了解产品生产工艺流程是琐碎的，营销员拜访客户是重复的，因此，年轻人还要培养耐得寂寞的职业操守，只有耐得寂寞的人，才能在基层工作中有所学习、有所积累，才能赢得未来的职业生涯发展。

3. 积累经验

很多企业要求员工从基层做起，其目的是为了新员工积累基层工作经验。积累基层工作经验是最有价值的，它如同建造职业生涯大厦的基石，因此，作为职场新人，要有意识在企业基层工作过程中积累经验，为未来职业生涯发展奠定基础。这无疑是职业生涯的大智慧。

总之，我们每个人都要有踏实肯干的精神，从现在起，无论是做事还是学习。你都要做到不腻烦、不焦躁，埋头苦干，不屈服于任何困难，坚持不懈；只要你坚持这样做，就能造就优秀的人格，而且会让你的人生开出美丽的鲜花，结出丰硕的果实。

心理策略

在瞬息万变的世界里，没有哪个人可以永远独占鳌头，唯有脚踏实地的人才能掌握未来。

持之以恒，不达目标不罢休

或许，我们都听过龟兔赛跑的故事，在生活中，也经常会出现“龟兔赛跑”的例子，一些人是爱睡觉、爱偷懒和拖延、做事没耐性的兔子，他们总是情绪不稳，一会儿想要夺冠，一会儿想要偷懒，结果造成了三分钟热情的现象。而有的人则成为了慢腾腾的“乌龟”，虽然跑得比较慢，但他们情绪和心态都比较稳定，抓住了一个目标就认真地去完成，这样反而适应了社会的规律，最终夺冠。

古人云：“一鼓作气，再而衰，三而竭。”这也告诉我们做事不能断断续续，而是要一鼓作气，一次做完。事实上，任何一个执行力强的人都深知做事善始善终的重要性，因为不耐烦、虎头蛇尾只会耽误更多的时间，这样无论做什么都只能一事无成。

清末曾国藩一生总结了十二种修身的办法。有的是先贤要求的，而有的，则是曾国藩自己摸索出来的。这个修身的办法，对现在的人们，仍然有借鉴意义。

其中第十条是：月无忘其所能。做事有恒，终有所成。要求每月作诗文数首，以验积理的多寡，养气之盛否。

曾国藩推崇恒心和毅力，所以，他说“有恒常乃人生第一美德”，“人而无恒，终身一无所获”。当初太平军在广西起义，到打下南京，只用了短短的两年零两个月；而曾国藩从咸丰二年组建湘军，到收复南京居然用了12年半的时间，期间，他带领湘军经历了无数次的战斗，并且经常以失败告终，期间他也曾想过自杀，但即便遇到再大的困难，比如清廷的猜忌，督抚的排挤，地方官员的讥讽，这些责难令曾国藩困苦不堪，但在艰难之后，他最终还是力挽狂澜，平定了太平军，苟延了满清王朝。

曾国藩提出的“有恒”就是通常我们所称的恒心和毅力。很多人都有这样的经历或体验，无论是在工作中，还是在学习上，抑或在创业时，正是缺乏恒心和毅力，丧失了成功的机会，或者没有取得预期的成功。

从前，有一和尚名叫一了，他的耐性不够，做一件事情只要稍稍有点困难，就很容易气馁，不肯锲而不舍地做下去。

有一天晚上，师父给他一块木板和一把小刀，需要他在木板上切一条刀痕，当一了切好了一刀以后，师父就把木板和小刀锁在他的抽屉里。以后，每天晚上，师父都要小和尚在切过的痕迹上再切一次，这样连续了好几天。

终于有一天晚上，一了和尚一刀下去，就把木板切成了两大块。师父说：“你大概想不到那么一点点力气就能把一块木板切成两大块吧？一个人的一生的成败，并不在于他一下子用多大的力气，而在于他是否能持之以恒。”

古人云：“事当难处之时，只让退一步，便容易处；功到将成之候，若放松一着，便不能成。”在生活中，有很多事情，并不是仅仅依靠三分钟热情就可以做好的，也不是一朝一夕就能做到的，而是需要持之以恒的精神，我们必须要付出时间和代价，甚至是一生的努力，当然，在这个过程中，我们需要忍耐，坚持，再坚持，等待机会和成功的来临。

生活中，一些目标不坚定、耐心不足的人，尽管他们接触了不同的工作，涉及了不同的行业，但最终他们不会做任何一件事情，只是在寻求猎奇的过程中获得了满足，最终，将一事无成。相反，那些只做了一件事情，并坚持到底的人，他们在某个行业或某个领域达到了一定的高度，才是真正的成功者。

有人问著名的组织学家聂弗梅瓦基为什么一生都花在研究蠕虫的构造上，聂弗梅瓦基回答说：“你可知道，蠕虫这么长，而人生却这么短。”的确，一个人的生命是有限的，而科学研究是无止境的。简而言之，如果你想获得任何一项事业的成功，就必须持之以恒，甚至付出毕生心血，对于成功而言，恒心就是力量。

我们在工作中，做事也要有耐心，要持之以恒，这样才能有所为有所不为。现代社会，不少人尤其是年轻人，刚开始工作时满腔热血，但时间久了就慢慢地懈怠了，最终一事无成。其实，工作不是仅仅依靠热情就能做好的，它更需要在保温中加温，而不是三分钟热度，只有做到了这样，你才是真正的职业人。

然而，不得不承认的是，很多人在做事的过程中，总是容易被周围的人和事干扰，简简单单的一件事，他们时断时续，花费了太多的时间和精力。如果你也因此而苦恼，那么，你有必要对自己进行一个意志力训练。你可以采取一些措施，有针对性地“磨炼”自己的浮躁心理。如练习书法，学习绘画、弹琴，解乱绳结，下棋等，有助于培养自己的耐心和韧性。

大哲学家苏格拉底有着非同常人的智慧，为此，很多人都来向他求教。

一天，一名学生问他：“老师，我也想成为和您一样的大哲学家，但我怎么样才能做到呢？”

苏格拉底说：“很简单，只要每天甩手300下就可以了。”

有的学生说："老师，这太简单了，别说是甩手300下了，就是3000下、30000下也可以啊！"苏格拉底笑了笑没有说话。

一个月过去了，苏格拉底问："那么，有多少同学每天坚持甩手300下啊？"很多学生都骄傲地举起了手，大概有90%的人。

又一个月过去了，苏格拉底又问："还有多少同学在坚持啊？"这回比上次少了10%的人。

时间一天天地过去了，一年以后，苏格拉底还重复着当年的问题："还有同学在坚持每天甩手300下吗？"此时，大家都低下了头，因为他们都没有做到，这时，一个同学举起了手，他的名字叫柏拉图，他后来也成为了像苏格拉底一样的大哲学家。有人问他成功的秘诀是什么，柏拉图微笑着说："甩手，而且甩得足够久……"

这个哲理故事同样告诉我们，无论做什么事，如果你想成功，就一定要克服浮躁心理，从小事做起，没有人生下来就是伟大的人。每天坚持做同一件小事也很不容易，就像每天甩手300下，一个月大部分人能坚持，一年过去了却只有一个人能坚持，只有柏拉图学习了坚持不懈的精神，这样他才能成为像苏格拉底一样做成大事的人。

心理策略

任何一项本领的获得，任何一件事的做成，不是一蹴而就的。相信不少人都满腔抱负，希望可以一展拳脚，做出一番成绩来，但现实告诉我们，必须要从最基础的工作自己。

第07章 为官之道，谨慎而行的心理策略

我们深知曾国藩善于识人察人，因为涉世很深，观人极广，谨慎异常。他曾经说：『做官的人，比一般人办事方便得多；做大官的人，往往他想都没有想到，就已有人帮他把事情办好了，可谓无限风光尽被占。所以位高权重的人，就不能不对自己的行为特别小心，包括对自己家人的言语也当格外谨慎，否则容易一着不慎，满盘皆输。』同样，生活中的人，无论是做官还是为人，也要秉持谨慎而行的原则，只有这样，才能保全自我、进退自如。

为官者要遵循的六大原则

自古以来，中国人都对做官之道有很多研究，曾国藩非常精通为官之道。认为首要之地，为官更当勤苦耐劳。他赴京途中，在为高官“三不主义”基础上，又体晤出“六项原则”。这六项原则就是针对直隶而发。

第一是平争，即平息争执。

直隶的官不好做，主要在于朝廷养的众多御史就在眼底，通天的人太多，因此稍有动作，即会引起别人的议论。曾国藩奉行的原则是平息争执，也即只做不说。别人怎么说，自己也不参与。

第二是因势。

中国有个传统，喜好翻前人的案，凡前任官所为，不管对错，后任总要诋毁一番，以示自己高明，也就是人们常说的“新官上任三把火”，曾国藩给自己定下因势的原则，即是肯定前任的成果，在此基础上再施拳脚。

第三是善习。

第四是从俗。

中国幅员之大，各地区的风土民情有很大不同，当政者不能要求整齐划一。相反，善于利用当地的风俗民情以施加教育，往往容易成功。

第五是便民。

便民即不与老百姓为难。不了解下情的官僚，往往朝令夕改，并且很少符合实际情况。曾国藩认识到，好的政策往往是对普通百姓有利的，因此容易受到拥护，实行起来有基础。

第六是救弊。

天下的政策、法令、条规、制度，大概设立时总有许多充足的理由，但实行时间长了，情况发生了变化，再用这些去衡量就会出现偏差。因此，要改变不尽合理的东西。

曾国藩认为，自己平生以“不参与、不称职、不遑”为高官不败之三大法宝，如果再严格品味，执行“六项原则”，那就不会有失败了。他在日记中写道：思古圣王制作之事，无论大小精粗，大抵皆本于平争、因势、善习、从俗、便民、救弊。非此六者，则不轻于制作也。

吾曩者志事以老庄为体，禹墨为用，以不与、不遑、不称三者为法，若再深求六者之旨而不轻于有所兴作，则咎戾鲜矣。

曾国藩说，身居高位的规律，大约有三端，一是不参与，就像是与自己没有丝毫的交涉；二是没有结局，古人所说的“一天比一天谨慎，唯恐高位不长久”；三是不胜任。

曾国藩说：越走向高位，失败的可能性越大，而惨败的结局就越多，因为“高处不胜寒”。那么，每升迁一次，就要以十倍于以前的谨慎心理来处理各种事务。他借用烈马驾车，绳索已朽，形容随时有翻车的可能。做官何尝不是如此?

在清代民间，人们常说，“和珅跌倒，嘉庆吃饱”。和珅之所以为千夫所指，可以说，就是因为他没有坚持正确的做官原则。

和珅最初为官时一心报效国家，与朝中的清官一起打击福康安、福长安等贪污官员，更在26岁时就任管库大臣，管理布库，他从这份工作中学习到如何理财，他勤朴地管理布库，令布库的存量大增，他凭借这些才干，得到乾隆的赏识。乾隆四十年，和珅擢为乾清门御前侍卫，兼副都统。乾隆十一月再升为御前侍卫，并授正蓝旗副都统。乾隆四十一年正月，授户部侍郎，三月授军机大臣，四月，授总管内务府大臣。这两年间，和珅清廉为官，勤奋好学，成为一位有为的青年。

乾隆四十五年正月，海宁揭发大学士兼云贵总督李侍尧涉嫌贪污，乾隆下御旨命刑部侍郎喀宁阿、和珅和钱沣远赴云南查办李侍尧。起初毫无进展，后来和珅拘审李侍尧的管家赵一恒，向赵一恒严刑逼供，赵一恒起初还拼死抗争，拒不招认，后来终于奈不住痛楚，把李侍尧的所作所为一一向和珅作了交代。和珅有了坚实的证据，心里就有了底，踏实下来。他把赵一恒交代的事项笔录下来，又命人召来了云南李侍尧属下的大官员，当着他们的面宣告了赵一恒的供述，那些原来忠于李侍尧的官员见和珅已掌握了证据。于是他们纷纷出面指控李侍尧的种种罪行，就连那些曾向李侍尧行贿的官员，也申明自己是迫于李侍尧的淫威，被迫行贿的。和珅取得了实据，迫使精明干练的李侍尧不得不低头认罪。和珅也因此被提升为户部尚书。

李侍尧案审结后，李侍尧被判斩监候，李侍尧和他的党羽一大份财产被和珅私吞，加上乾隆的赏赐，和珅终于初尝掌握大权大财的滋味。四月，长子丰绅殷德，被乾隆指为十公主额驸，领受乾隆赏赐黄金、古董等等,百官争相巴结。和珅起初不受贿赂，但日子一长，和珅开始贪污，他广结党羽，形成一股大势力。（讽刺的是，党羽中包括当年在云南对和珅百般羞辱的李侍尧）,更培植犯罪集团用以迫害政敌、地方势力和人民。俨然成了一个金字塔式的大贪污集团,和珅就立在金字塔的顶端。

嘉庆登基后，曾列出和珅二十条罪状。后被嘉庆皇帝赐死。

乾隆年间，和珅为皇上宠信之极，官阶之高，管事之广，兼职之多，权势之大，清朝罕有。但这一切都是过眼云烟，损害了人民的利益，欺上瞒下，最终落得了个狱中自尽并遗臭万年的凄惨结局。我们不难发现，为官之初的和珅原本是个清廉之人，但李侍尧案后，他尝到了金钱的滋味，才一失足，最终成千古恨。

树立正确的人生态度，对于人的一生有着十分重要的意义，关系着人们在每一个具体问题上得到什么结果。人们对待人生的每个具体问题的态度不尽相同，在人生的每个阶段上的态度也有所不同，而对于为官者来说，更要遵循一定的行事原则，才会有一个好的结局。

心理策略

一个基本的人生态度始终贯穿在人的一生，决定着人生结局。对于为官者来说，要有自己的原则，才能始终保证自己走在正确的道路上，不至于跌倒。

为官要戒骄戒奢

曾国藩被誉为晚清“中兴第一名臣”，其为官之道为后人津津乐道，尤其是清廉为官。

“三年清知府，十万雪花银”，是清朝官场的真实写照。清代官员想要保持清廉的操守着实不易。曾国藩为扭转官场积重难返的贪污纳贿之风，曾在30岁时立誓，终身保持清廉之身。他誓云：“以做官发财为可耻，以宦囊积金子孙为可羞可恨，故私心立誓，总不靠做官发财以遗后人。神明鉴临，予不食言。”曾国藩临终前仍不忘此誓，留下遗嘱：“余若长逝，灵柩自以由运河搬运回江南归湘为便。沿途谢绝一切，概不收礼。”

曾国藩身逢乱世，位居一品，却能在腐败丑恶的清末官场中保持清正廉洁，殊为不易，可谓“出淤泥而不染”。

曾国藩曾说：“忧患能久，奢侈必败。”曾国藩不仅誓言保持清廉的为官作风，其起居生活也非常俭朴。

从居住方面看，曾国藩反对建造宅院，就连家人修缮房屋也反对。

曾国藩在湖南老家的旧宅已经年久失修，期间有很多幕僚前来拜访，房屋破败，确实有不妥之处，到了1865年时，曾国荃出资7000串铜钱将旧宅改造一新。

这事传到曾国藩耳朵里后，他非常生气，责备九弟“奢靡若此”，他认为，住新房，要想搬进去是容易，但日后要搬出来就难了，作为祖辈，要做好表率，绝不可骄奢淫逸。“生当乱世，居家之道，不可有余财，多财则终为患害。又不可以过于安逸偷惰。如由新宅至老宅，必宜常常走路，不可坐轿骑马。又常常登山，亦可练习筋骸。仕宦之家，不蓄积银钱，使子弟自觉一无可恃，一日不勤，则有饥寒之患，则子弟渐渐勤劳，知谋所以自立矣。”

曾国藩为九弟建新宅一事十分愤怒，最后发誓一生不踏入新宅。他是这样说的，更是这样做的，每每从京城回乡，他都依旧住在从前的老宅之中。

曾国藩还反对家人买地，他在日记中写道：“余生平以起屋买田为仕宦恶习，誓不为之。”咸丰五年，欧阳夫人在衡阳娘家私自买田置地，曾国藩知晓后立即将土地转让出去，并在家信中表达了反对置田的态度。

穿衣方面，曾国藩一生都穿着家里人为其织的粗布衣服，他唯一的一件好衣服即天青缎马褂。这件衣服只在新年和重大庆典时才拿出来用，平素便放在衣橱里，因此这件衣服即便过了三十年依旧完好如新，当周围人问及此事时，曾国藩道：“古语云，衣不如新，人不如故。然吾观之，衣亦不如故也，试观今日衣料，有如当年之精者乎？”曾国藩升任总督后，其鞋袜依然由其府内女眷制作。

在饮食上，曾国藩亦不讲究，简单至极。通常他每顿饭只有一个菜，“绝不多设，虽身为将相，而自奉之啬，无殊寒素”。时人以曾国藩吃饭简单，每食仅菜一品，谐称之为“一品宰相”。

为提倡节俭，教育家人，曾国藩于大堂上亲书一联：“惜食惜衣，不惟惜时兼惜福；求名求利，但知求己不求人。”

曾国藩生活简朴，源于他出自亦耕亦读的农民家庭，深受良好家风的熏陶。曾国藩成名后，继承父亲的治家经验，亦将林则徐作为榜样。他在写给曾国荃的信中道：“昔年林文忠公有三个儿子，分家时各人仅得钱六千串。林公身膺督抚要职20余年，其家底清寒如此，高风劲节，实不可及。我辈兄弟实在应向林公学习。”

生活中的我们也要学习曾国藩的清正廉洁之道，无论是为官还是日常生活，都要戒骄戒奢，一个人，要锤炼强大的心智，就要摒弃对奢华物质的盲目追求。

然而，我们发现，在物质生活水平急速发展的社会，一些为官者形成了一种“唯钱是亲”的不健全人格。这很大一部分原因是：生活的环境过于优越，在金钱上铺张浪费。要知道，物质生活的奢华容易使人产生一种贪得无厌心，而对物质的追求往往又难以获得自我满足，这就是为何贪婪者大多并不快乐的根本原因。而且再富裕的生活也会千金散尽，最终导致人财两空。

“贪者，恶之大也”，“祸莫大于不知足”，“非智之不足，非技之不胜，利令智昏，贪婪之心，才是天下祸机之所伏。”贪婪是人性的一大弱点。要摒弃对奢侈之物的盲目追求，我们需要做到：

1. 避免物质生活过于奢华

物质生活的奢华容易使人产生一种贪得无厌心，而对物质的追求往往又难以获得自我满足，这就是为何贪婪者大多并不快乐的根本原因。

人们贪念的形成。多半都是从物质上开始的，有了点钱就更想有钱，住了房子想住别墅，总是想吃高档食物，总是要买名牌衣服。要杜绝这一恶性循环，我们就应该做到避免物质生活过于奢华，而假若你从小就注重生活的节俭，还怎么会有这样的性格缺点呢？

2. 学会知足，享受简单的快乐

如果你能体会到和朋友一起聊天、和父母一起享受天伦之乐的快乐，你还会把眼光放在物质生活的追求上吗？

因此，在忙碌的工作之余，不妨让自己投身到人际交往中吧，从中获得乐趣，你就能变成一个心态阳光的人。

心理策略

“艰难困苦，玉汝于成。”我们一定要学会在日常生活中培养自己吃苦耐劳的品质，在必要的“穷”和“苦”中得到锤炼，懂得以艰苦奋斗为荣，以骄奢淫逸为耻，方才体会到靠自己的努力争取得来的快乐，也才懂得珍惜。

提升自己的办事效率

现代社会，对于为官者而言，时间都是有限的，对于一些中层领导，他们的琐事更多，除了例行工作之外，每天临时性的工作也会接踵而来(公司会议、客户拜访、媒体约见、临时事务等)，要是没有时间管理和规划，很容易疲于应付，顾此失彼，抓了芝麻丢了西瓜，让自己一头糨糊而且疲惫不堪。

我们都知道，古代为官者，都需要定期上奏朝廷，比如上早朝、写奏折等，但对于这一事，曾国藩遵循的原则是：

第一，不轻易地将谣传之言上奏朝廷。

第二，不将尚未确定的事情轻易向朝廷上奏。

第三，不将尚属计划中的设想轻易上奏朝廷。

运用这三条原则，只上报有效且准确的信息，则有效地避免了精力的耗费，尤其是军事行动时，瞬息万变，早晨报告的事情晚上可能发生了变化。

当然，曾国藩是得到了清廷的许可，才允许其按照自己的想法奏报，不必拘泥十日一奏的设想，一切要从效率出发。

其实，曾国藩主张的不必事事、时时向朝廷汇报，少上空言，多做实事的做法是十分正确的。现代社会的一些领导干部，也应一切从效率出发，少说空话、多做实事，减少时间、精力的浪费。

苏联生物学家柳比歇夫，一生严格统计自己的时间，创造了独特的“时间统计法”，实际上就是一种时间规划。他从26 岁开始，直到82 岁逝世，56 年如一日，天天一丝不苟地记录当天时间的支出状况。他每晚统计时间消耗，月度有小结，年底有总结，使时间的浪费降低到最低限度。有一年，他计划完成中心工作（写作、研究）和例行工作（看参考书、做笔记、写信）一共用570 小时，实行结果用去了564.5 小时，误差仅为1%，可见他的时间规划、时间管理已达到何等精确、科学的水平。

柳比歇夫的时间统计法虽然并不复杂，但对于领导者提高时间的利用率，杜绝时间的浪费却有很好的借鉴意义。

据专家考证，一般上班族真正每天用于上班达到忘我境界的时间往往只有两小时。而原因之一就是我们常常做事没有紧迫感，要么等到最后时限才紧赶慢赶，要么坐等下班。在如今飞速发展的时代，时间就是金钱，时间就是生命，工作效率是企业的生存之本，所以，即便是领导者，工作时也要禁忌怠慢心理，优哉游哉的心境适合逛商场，而不是职场。

我们都知道，身为领导干部，每天必然要处理很多事务，除了要管事，还需要管人，面对工作拖沓的下属，他们常常显得束手无策；而对于自己，也常常因为惰性而不能做到高效工作。那么，面对这两类问题，我们该如何处理呢？

1. 面对拖沓的下属

这类下属最显著的特征就是“光说不干”，他们有能力完成工作，但是没有工作意愿。其实每个人都有惰性，但是天生的光说不干，即“懒骨头”比较少。大多数员工的惰性是在公司里养成的，公司不合理的规章制度是滋生惰性的温床。我们应对自身的管理进行审视，检查公司的激励政策是否有效。针对这样的下属，领导者可以采取以下几种管理方法：

（1）激发其自我表现的欲望

让这类下属了解完成某项工作之后有什么好处，这样可以有效地激发他的表现欲，使其努力工作；也可以让其当内训师，因为这类下属的一个典型特征就是好为人师。比如，管理者可以让他们去做公司内部的培训师，在此过程中，可以鞭策自己不断提高。

（2）善于为下属明确他们的工作目标

在限定时间的同时，领导者还要善于为下属制定目标。下属心中有了目标，了解达不到目标的后果，往往就会有主动性了。在我们给下属明确工作目标时，应以SMART为要求。S-specific(特定)、M-measurable(可衡量)、A-agree(双方同意)、R-realistic(现实)、T-time(时间限制)。SMART 目标就是指这个目标一定要特定，要可衡量，双方都同意，要现实可以完成以及要有时间限制。将工作目标明确到了这个程度，推诿、拖拉的现象也就不容易发生了。

2. 对于领导者自身

（1）克服畏难情绪，规定自己首先处理一些重要事务

任何一个领导者，每天都要处理很多事务，很多人认为，先处理那些不紧要的事务，会起到激励自己的作用，实际上，这种想法是错误的，把最紧要拖到最后来干，你会发现，经过一天疲惫的工作后，你已经没有精力和时间来完成它了。

而领导者之所以有这样的想法，实际上是因为有畏难情绪，是有意识地回避那些重要的、难度大的工作。因此，作为一名出色的领导者，一定要克服这样的心理倾向，首先着手最重要的工作，用足够的时间精力来处理它，并把它办好。

（2）制订工作计划

当然，在实际工作中，任何一个领导都不可能每天像柳比歇夫那样进行时间核算。但在开展工作时，可以要求下属部门作出一个详细的关于每月或者每周的工作计划，并养成一种良好的工作习惯，避免工作时紧时松，使工作时间得到合理安排是完全可行的。

心理策略

任何一位领导者，如果你做事拖沓，都要改变现在的工作习惯，必须要有时间意识，拖延、虚度光阴连工作都做不好更谈不上效率了。

居官以耐烦为第一要义

咸丰八年，曾国藩给其弟曾国荃的信中说：“居官以耐烦为第一要义，带勇

亦然……露出不耐烦之端倪，将来恐不免龃龉。”

大凡做官，就有权势，所以绝大多数人都想做官。但是，大部分人没想到的是，做官也有麻烦事，如要迎来送往，要汇报、总结、要接受考核、要解决复杂问题……有的人就忍受不了这些麻烦事，宁愿无权无势，也不愿意做官，如陶渊明、王冕、“竹林七贤”等。

做官要耐烦，第一件事就是训练自己处事不急不躁，无怨、清醒。头脑清醒才能保持安静，保持安静才能稳住部下，稳住部下才能做出决断。不然的话，心急似火，性烈如马，只会使事态的发展更加混乱。

事实上，无论为官，还是简单为人为事，大凡要成功，都要耐烦，有耐烦的心，万事都成。的确，“世界上怕就怕认真二字”。如果我们能安下心来认真做一件事情，就没有做不好的。而急躁是一种冲动性、情绪性、盲动性相交织的病态社会心理，它与艰苦创业、脚踏实地、励精图治、公平竞争是相对立的。浮躁使人失去对自我的准确定位，使人随波逐流、盲目行动，对组织、国家及整个社会的正常运作极为有害。

对于为官者而言，在成绩面前容易自我膨胀，飘飘然，以为很了不起，放松了要求，结果，祸由骄傲生！有了一点成绩就无法保持思想上的清醒，就会导致工作上的失败，导致事故的发生。我们先来看下面这样一则寓言故事：

从前有一个农夫，他的地在一片芦苇地的旁边。那芦苇地里常常有野兽出没，他担心自己的庄稼被野兽毁坏了，就总是拿着弓箭到庄稼地和芦苇地交界的地方去来回巡视。

这一天，农夫又来到田边看护庄稼。一天下来，没有什么事情发生，平平安安地到了黄昏时分。农夫见还安全，又感到确实有些累了，就坐在芦苇地边休息。

忽然，他发现苇丛中的芦花纷纷扬起，在空中飘来飘去。他不禁感到十分疑惑：“奇怪，我并没有靠在芦苇上摇晃它，这会儿也没有一丝风，芦花怎么会飞起来呢？也许是苇丛中来了什么野兽在活动吧。”

这么想着，农夫提高了警惕，站起身来一个劲地向苇丛中张望，观察是什么东西隐蔽在那里。过了好一会儿，他才看清原来是一只老虎，只见它蹦蹦跳跳的，时而摇摇脑袋，时而晃晃尾巴，看上去好像高兴得不得了。

老虎为什么这么撒欢呢？农夫想了想，认为它一定是捕捉到什么猎物了。老虎得意忘了形，完全忘了注意周围的危险，屡次从苇丛中跳起，将自己的身体暴露在农夫的视线里。

农夫悄悄藏好，用弓箭瞄准了老虎现身的地方，趁它又一次跃起，脱离了苇丛的隐蔽的时候，就一箭射过去，老虎立刻发出一声凄厉的叫声，扑倒在苇丛里。

农夫过去一看，老虎前胸插着箭，身下还枕着一只死獐子。

“螳螂捕蝉，黄雀在后”就是这个道理，这只老虎是悲哀的，它因为捕到了獐子万分高兴，便忽略了对周围环境的觉察，以致自己已经成为了别人猎杀的目标都不知道，最后中箭而死。

当今社会，知识和信息更新速度之快，更要求我们每个人敢想敢做，也只有勇者才能事事在先，时时在前，跟紧社会，做时代的弄潮儿。我们应该在日常生活中锻炼自己的勇气，才能做到不畏惧风雨，不怕挫折，不惧坎坷。但勇敢不等于鲁莽，不等于粗野。因此，你不仅需要勇气，还需要智谋，还要有高思维的头脑，审时度势，运筹帷幄，决胜千里。

任何人，在事业上只要敢闯、有冲劲儿，很容易取得一些成就，但在成就面前，你要记住，无论过去有何等荣誉，都已经成为过去，你现在要做的就是保持清醒的头脑，看清形势并放眼未来，这样，你才会稳扎稳打，走好人生的每一步。

当然，要做到自制，不是很容易的事。要循序渐进，切不可急躁。每天给自己制定一个强于昨天的目标，只要达到就是成功，这样会在不知不觉中有所提高。有以下一些建议，可供参考。

1. 做事情要先思考，后行动

要想把事情做到最好，你心中必须有一个很高的标准，不能是一般的标准。在决定事情之前，要进行周密的调查论证，广泛征求意见，尽量把可能发生的情况考虑进去，以尽可能避免出现1%的漏洞，直至达到预期效果。

比方出门旅行，要先决定目的地与路线；上台演讲，应先准备讲稿。在做事之前，你可以经常问自己这样一些问题："为什么做?做这个吗？希望什么结果？最好怎样做?"并要具体回答，写在纸上，使目的明确，言行、手段具体化。

2. 做事情要有始有终

不焦躁，不虚浮，踏踏实实做每一件事，一次做不成的事情就一点一点分开做，积少成多，积沙成塔，累积的最后即可达到目标。

3. 稳定情绪

用合理发泄、注意力转移、迁移环境等方法，把将要引发冲动的情绪宣泄和释放出来，保持情绪稳定，避免冲动。

4. 要强化自我意识

遇事要沉着冷静，自己开动脑筋，排除外界干扰或暗示，学会自主决断。要彻底摆脱那种依赖别人的心理，克服自卑，培养自信心和独立性。

5. 有针对性地"磨炼"

你可以采取一些措施，有针对性地"磨炼"自己的浮躁心理。

心理策略

任何一件事，从计划到实现的阶段，总有所谓时机的存在，也就是需要一些时间让它自然成熟的意思。假如过于急躁而不甘等待的话，经常会遭到破坏性地阻碍。因此，无论何时，我们都要有耐心，压抑那股焦急不安的情绪，才不愧是真正的智者。

韬光养晦，适时全身而退

接力赛跑中，接力运动员在接到接力棒之前，都会后退几步，这是一种很常见的现象，为什么运动员要这么做呢？原因很简单，后退一点，才不会因迎面而来的接力棒而不知所措，从而避免了耽误时间。这个道理同样可以运用到现代官场中，聪明的人都知道，正面交锋，只会暴露自己，增加自己的危险性，因此，即使已经暂时领先，也不要过分张扬，而是能做到以退为进，隐退下来继续积累自己的实力。

其实，大凡功成名就之人，都知道“进可攻退可守”的道理，尤其当自己取得成绩之时，他们不会居功自傲，而是低调做人，甚至采用隐退的方法。这样做，能避免引起他人的不快，也就能更有效地自保平安，而所谓急流勇退就是这个道理，也是一种明智的生存之道，毕竟，“枪打出头鸟”如若你不知深浅，在强大的人际压力下，还以卵击石的话，恐怕真得会粉身碎骨。

曾国藩常说：“进步处便思退步，着手时先图放手。”进的时候要多点见闻，退的时候要找好时机，留有余地。

曾国藩得意之时，强调“势不使尽，弓不拉满”，深得进退之道。

曾国藩更是常常想到退隐。他对部下说：我居高位，又获得了极高的虚名，时时刻刻都有颠覆的危险。通观古今人物，像我这样名大权重的人，能够保全善终的人极为少见，因此我深深担忧在我全盛之时，不能庇护你们，到了我颠覆之时，或许还会连累你们。所以我只有在我没事的时候，时常用危词苦语来劝戒你们，这样或许能够避免大灾大难啊！

怀着这种深沉的认识和忧惧，曾国藩把这一感触不时传送到兄弟们身上，他鼓励、劝勉他们为百姓多干实事，勿为名望二字所累。

生活中的人们，也要学习曾国藩不贪图功名利禄、勇于功成身退的冷静心态：后退一点，才会跑得更快，因为迎面而来的是荣誉、是成就、是财富，但也可能是陷阱，不管是什么，只要你懂得后退一点，你就不会被这一“接力棒”砸伤。范蠡就是一个知进退的人。

世人多知范蠡三迁而终保其身的故事，却不知范蠡是个洞察人情，知人如神，且懂得匠心用人、明察事理的哲人。

春秋战国时期，越王勾践经过20年卧薪尝胆后，终于一雪前耻，灭掉了吴国，这是众人皆知的故事。

勾践的确是一个可以吃苦耐劳之人，能与之共苦，但不能同甘。范蠡被任命为大将军后，自忖长久在得意之至的君主手下工作是危机的根源。于是他便向勾践表明自己的辞意，勾践并不知道范蠡的真实意图，于是拼命挽留他。但范蠡去意已定，搬到齐国居住，自此与勾践一刀两断，不再往来。

移居齐国后，范蠡不问政事，与儿子共同经商，很快成为富甲一方的大富翁。齐王也看中他的能力，想请他当宰相，但被他婉言谢绝了。他深知“在野而拥有千万财富，在朝而荣任一国宰相，这确实是莫大的荣耀。可是，荣耀太长久了反而会成为祸害的根源”。于是，他将财产分给众人，又悄悄离开了齐国，到了陶地。不久后，他又在陶地经营商业成功，积存了百万财富。

范蠡确实是个聪明的人，能帮助越王勾践重获江山，更难能可贵的是，他更懂得在受功之时全身而退。他之所以离开越国、拒绝齐王的招聘，转而离开政界，都是因为他深知伴君如伴虎的道理，功成身退才是自保的方法。

古人云：“识时务者为俊杰。”我们再看秦朝的商鞅，他之所以惨遭毒手，就是因为他太不识时务，只知进，不知退，如果他能和范蠡一样，在政治抱负得到施展后，就全身而退，便不会有如此悲惨的结局。

可能很多人会问，现代社会竞争如此激烈，不拼搏如何胜出？诚然，奋斗是一个人必须具备的一种品质，但并不意味着要一刻不停地奔波与忙碌。适可而止，会休息才会成长。只会向前猛冲，而不懂得减速缓行的人，在人生的某个弯道处，一定会冲出跑道，损失更多。

那么，职场中的人们，在竞争中该如何做到以退为进呢？

1. 凡事见好就收

不管是为人还是处事，都要懂得见好就收。与人交往，不可得寸进尺，不可过于亲密，保持一定的距离，适当的隐藏自己，“逢人只说三分话，未可全抛一片心”，要有自我保护的意识。小有成就时，不要独揽成绩，学会与人分享，这样才会赢得人心，才能得到更多人的支持，才会有更多的机会，这不失为一种智慧的处事策略。

2. 学习是常态

一些人为了安全感，保守地待在原地，要知道，这样总有一天别人会轻易地夺取你的腹地。你可训练自己逐步接受风险，不必害怕改变。学习的过程，甚至是失败的经验，都能帮助你承受更大的决策与风险。

同样，这个道理不仅适用于做事，也还适用于做人。在错综复杂的社会中，为人处世太过张扬，不仅会招来别人的嫉恨，并且会被认为是轻浮。

当然，你要明白的是，在退之时，更是为了能进，后退不是要消极处事，满足于现状、停步不前、做一天和尚撞一天钟，而是为了能保全自己，然后把握机会，获得更大的成就！

心理策略

世上没有做不成的事，只有做不成事的人。一个真正想成就一番事业的人，除了具有满腔热血外，还拥有聪明的头脑和成功的智慧，不会意气用事，而是用理智的头脑分析局势，适时地转换观念，另谋出路。

第08章

读书之法，勤于学习的心理策略

曾国藩被人们称为一代大儒，他一生勤于读书，日日读书，『日以读书为业』是对他生活的最好写照，这也是所有研究他的学者所公认的，以此被世人所称颂。他关于如何读书的许多著名论断，现在对读书人仍有借鉴价值。生活中的我们也要学习曾国藩爱读书的学习态度和善于读书的方法，要坚定『奋斗不息，学习不止』的信念，日复一日，沿着知识的阶梯步步登高，养成丰富自己、重视学习的习惯。

曾国藩无一日不读书

曾国藩的好读书是出了名的。道光十六年，当时的曾国藩27岁，那是他第一次参加会试，可惜没考中，无奈，只好收拾行囊回家，但在回家途中，路费却用完了，此时，他只好求助于当时在南京的一位做官的老乡，老乡很赏识他，就借给他100两银子，对于当时的曾国藩来说，这是一笔巨额资金，但他居然全部拿来购书了。

为了买书，曾国藩还当掉了自己的衣服，当他带着一套《二十三史》回到家的时候，他的爷爷和父亲不但没有责备他，反而给他很大鼓励。于是他就“侵晨起读，中夜而休，泛览百家，足不出庭户者几一年。”并且，他还立下誓言：“嗣后每日点十页，间断不孝。”

第二年，他赴京赶考，取得进士资格。

曾国藩“日以读书为业”。不仅如此，他还要求自己的家人、子孙也要读书，因为日读也是他小的时候培养的良好习惯，他将每日读十页书的习惯保留了下来。

的确，任何人的一生，如果不获取知识，他的灵魂就是浅薄的，眼光就是短浅的，人们常说“知识改变命运”，现代社会，任何人，都应该积极地汲取各种知识，只有这样，才能不断丰富自己的头脑。未来靠的是现在，现在做什么，怎样做，要达到什么目标，才能决定未来是怎样。因此，你要记住，不要急功近利，努力、认真过好每一天，明日自然就会有好的收获；如此持之以恒，五年、十年过去自然会结出硕果。

我们熟悉的玛丽·居里夫人的丈夫比埃尔·居里同样是青少年的榜样，他的经历告诉生活中的我们，充满热情地学习，会给你带来无穷的力量。

比埃尔·居里于1859年5月15日生于巴黎一个医生家庭。他在童年和少年时期，并没有显出与众不同的聪明。那时候的他在性格上沉默寡言、反应缓慢，不适应普通学校的灌注式知识训练，不能跟班学习，人们都说他心灵迟钝，所以从小没有进过小学和中学。

为此，父亲常带他到乡间采集动、植、矿物标本，培养了他对自然的浓厚兴趣，学到了如何观察事物和如何解释它们的初步方法。居里14岁时，父母为他请了一位数理教师，他的数理进步极快，16岁便考得理学学士学位，进入巴黎大学后两年，又取得物理学硕士学位。1880年，他21岁时，和哥哥雅克·居里一起研究晶体的特性，发现了晶体的压电效应。1891年，他研究物质的磁性与温度的关系，建立了居里定律：顺磁质的磁化系数与绝对温度成反比。他在进行科学研究中，还自己创造和改进了许多新仪器，例如压电水晶秤、居里天平、居里静电计等。

一个人爱好学习、勤奋读书，就会学有所获。比埃尔·居里的成功我们让明白，任何人，只要具备了学习的热情，无论外在条件多么艰苦，他们都能汲取到知识带来的营养。而如果你被动的学习，那么，只能停留在知识的储存和记忆上而不能正确地运用它，你的学习就是低效或者无效的。

学习是一项终身事业，一个人的工作也许有完成的一天，但一个人对知识的汲取却不能终止，你需要坚定“奋斗不息，学习不止”的信念，日复一日，沿着知识的阶梯步步登高，养成丰富自己、重视学习的习惯。世上没有绝对的成功，只有不断地努力，这样才能让你的成功之路走得更快更远。当然，永无止境地学习并不是一句空话，需要青少年朋友将它带到每天的学习过程中。

可能你会觉得，曾经未好好学习，学习基础差，现在努力已经晚了，而实际上，学习是没有时间和年龄限制的，只要努力学习、刻苦自励，从现在开始学习，为时未晚，基础差，可以查缺补漏，这绝不是拒绝学习的理由。

著名画家齐白石年逾90岁，每天仍作画5幅。他说：“不叫一日闲过。”他把这句话写出来，挂在墙上以自勉。一次，他过生日。由于他是一代宗师，学生朋友很多，从早到晚，客人络绎不绝。白石老人笑吟吟地送往迎来，等到送走最后一批客人，已是深夜了。年老的人，精力是差了，他便睡了。第二天他一早爬起来，顾不上吃早饭就走进画室，摊纸挥毫，一张又一张地画着。家里人劝他："先吃饭吧。""别急。"画完5张后，才用饭，饭后他继续作画。家里人怕他累坏了，说："您不是已画了5张吗？怎么还要画呢？""昨日生日，客人多，没作画。"齐白石解释，"今天多画几张，以补昨日的'闲过'呀。"说完，他又认真地画起来了。

齐白石已为画坛成功者，年迈之时仍不忘勤奋，这不正是告诉我们：奋斗不分年龄，只要你把握现在吗？

树立终生学习的理念，还需要你积极拓展知识领域，开阔学习视野。

孔子说："好学近乎知（智）。"拓展自己的学习领域，开阔自己的知识视野，关键是要培养学习的兴趣。学习是一种习惯，终身学习则是一种理念，兴趣是成功的一半。一个人树立起终身学习的理念，就会认同"万事皆有可学"这个道理。

当然，要坚持不断地学习，还需要你增强使命意识和危机意识，因为终生学习，是飞速发展的时代向你提出的要求。21世纪是知识经济的时代，高新技术带动生产力突飞猛进，不断改变着人们的生存环境和生存方式，更需要我们不断提高对新知识、新科技的掌握能力，以及对新环境、新变化的应对能力。我们假如仅仅满足于在学校学得的那点东西，不注意及时"充电"，就远远不够了。

心理策略

每一个人都要认识到勤勉的重要性，也许你会产生疑问，现在努力会不会已经晚了？当然不，你首先要做的就是收拾自己的心情，然后梳理好自己的思绪，从现在开始，成功奋斗，"不叫一日闲过"！

读书应安于笨拙，以勤弥补

在日常生活中，总有些人，年纪轻轻，就叹息自己天生笨拙，成就不了大器。其实，这种叹息是没有必要的。常言道，勤能补拙，这就是说，天资差，是可以用后天的努力来补偿的。事实不正是如此吗？古今中外，任何一个成大事者，无不是用勤奋换来成功。曾国藩小时候天赋不高，一天晚上在家读书，一篇文章读了不知多少遍，连潜伏在他家屋檐下的贼都能背出，他却还没背出。但他刻苦努力，最终成为中国历史上最有影响的人物之一。

曾国藩主张读书要专注，也称曾国藩的“耐”字诀。曾国藩曾说：“一句不通，不看下句；今日不通，明日再读；今年不通，明年再读”。譬如，“读书不二，一书不点完，断不看他书”，而且要“先认其貌，后观其神”。再譬如，他给自己立下的读书课程很多，而“每日读史十页”终身不断……

他认为，追求学业精通，并没有其他方法，只有日日专心学习而已。学业不专，不能自食其力。

其实，关于努力学习、勤奋读书的重要性，历来人们已经用很多文字诠释过了，苏格兰散文家卡莱尔曾经说过这样一句话：“天才就是无止境刻苦勤奋的能力。”没有艰辛，便无所获。任何一个人， 定要谨记卡莱尔的这句话，努力学习并持之以恒，当你养成一种珍惜时间、努力学习的习惯后，你就能做到自我突破和超越！

有谁，天生注定就是一个天才？又有谁，天生就是一个蠢才？所以，每一个人从诞生那一瞬间开始，上天就给予了那个人与别人同样高的智商。可是，为什么有些人成绩名列前茅，而有些人却名落孙山呢？答案只有两个字：勤奋。

爱因斯坦小时候，是被所有人公认的一个小笨蛋，笨到同学们见到他就议论纷纷，笨到老师也觉得他无可救药。可是呢，爱因斯坦却具有常人没有的意志力，那就是“勤奋”！在手工课上，别的同学都交了一个个精美的手工作品，可他却交了一个工艺粗糙的小木凳子，大家都笑话他。老师也讽刺他："我看没有比这个更糟糕的东西了！"可是爱因斯坦却拿出了两个比这个更加糟糕的小凳子，这时，老师和同学们惊呆了，也由此改变了对他的看法。这是爱因斯坦成长过程中一次小小的勤奋，他的收获是得到了同学和老师对他新的看法。

长大以后，爱因斯坦更加勤奋了，他不断探索，敢于创新。一天24小时的大部分时间都是在实验室度过的。别人学习时他在学习，别人玩耍时他还在学习，别人休息时他依然在不停地学习、钻研。经过多年的努力，爱因斯坦最终以"相对论"闻名于世并获得了诺贝尔奖。

在我们现实的生活中，如果你试着观察一下自己身边的一些同学或者同事、朋友等，就会发现他们与那些名人一样，同样具有勤奋的精神。多少次，当你沉浸在游戏的快乐中时，他们在默默地努力着；多少次，当你和朋友闲聊时，他们在静静地思考着；多少次……也许他们的天资并不如你，但往往到了最后，成功者的头衔确属于他们。这是为什么呢？原因就是他们的勤奋。要想知道一个人的成就有多大，不光要看他所获得的荣誉和知名度，而要着重了解他在成功之前究竟留了多少汗、克服了多少困难、花费了多少心血，准确地说就是看他到底有多勤奋。要知道，曾经有过失败的人或许是勤奋的，但最终获得成功的人绝不是懒惰的！

由此可见，一个天资笨拙的人，只要能勤勤恳恳，做到"人一能之，己百之，人百能之，己千之"，就能变得聪明起来，成为对社会有用的人才。但反过来说，一个人即使天资再好，若不勤奋求学，也是不能成才的。在宋代，有个神童名叫仲永，五岁便会作诗，被乡里称为奇才，可谓聪明过人，但他出名后，不再勤奋上进，而是整天由他父亲带着到处吃喝玩乐，结果诗才枯竭，终于"泯然众人矣。"类似这样的例子，在现实生活中也是屡见不鲜的。

总的来说，只有一步一个脚印，踏实、不浮躁地学习，才能为成功奠定基础。而实际上，这正是当今社会不少人所欠缺的。有些时候，人们会怨天尤人，给自己制定那些虚无缥缈的终极目标。而任何一个成功者，他们的成功都不是一蹴而就的，成功的不变因素都是努力。

为此，从现在起努力吧！你需要做到。

1. 树立脚踏实地的态度

任何事情都必须要具备勤奋的工作态度。真正的成功是一个过程，是将勤奋和努力融入每天的生活和工作中。成功没有捷径，它需要脚踏实地。

2. 习惯是最好的老师

如果勤奋已经成为一种习惯，那么，它也就能变成一种理所当然的事。就像习惯睡懒觉的人认为早起是痛苦的，但习惯于早起的人却把早起当做一件平常不过的事，因为早起对于他们来说已经是一种习惯。

3. 要有坚定的决心和持之以恒的毅力

这是老生常谈的话题，但依然重要。那么，如何做到中途不放弃呢？你要有良好的心态，乐观的精神和自信心。很多人选择目标后又中途放弃，就是因为觉得坚持这么久，没有成果，觉得自己学的没有用。其实，条条大路通罗马，既然选择了自己的路，就要毫不犹豫地走下去，一直在原地徘徊，犹豫不决，不知是否该前进，只能让时间白白流走而已。

4. 要找到适合自己的勤奋之道，也就是方法

你可以根据自己的性格特征找到一条自己的路。比如在看书上，每个人每天都有自己的兴奋点比较高的一段时间，你在这段时间可以看一些自己并不是很感兴趣的书籍，而在心情比较低落的时候看一些自己喜欢的书，进行一下调节。

心理策略

伟大的成功和辛勤的劳动是成正比的，有一分劳动就有一分收获，日积月累，奇迹就可以创造出来。这是绝对的真理。只有勤奋才是最高尚的，才能给人带来真正的幸福和乐趣。

读书学习应有知、有识、有恒

在竞争激烈的当今社会，一个人的竞争力如何，很多时候体现在他是否有自主学习的能力。因为这涉及一个人最终能否获得丰富的知识，是否能变得博学。古人说得好：“善学者教师安逸而功倍，不善学者教师辛苦而功半。”一旦有了自觉学习的理念，人们就能主动学习，独立思考，就能找到自身不足，不断地扩充自己的专业知识水平，懂得探究，最终实现发明创造的结果。

我们都知道，曾国藩酷爱读书，而他自己也有着一套读书的方法。曾国藩说：“盖士人读书，第一要有志，第二要有识，第三要有恒。有志则断不为下流；有识则知学问无尽，不敢以一得自足，如河伯之观海，如井蛙之窥天，皆无识者也；有恒则断无不成之事。此三者缺一不可。”

“志”是志向、眼界，“识”是见识、见解、胸怀，“恒”就是恒心、决心，这三者在读书时缺一不可。

曾国藩的意思很清楚，读书之所以要做到有志、有识、有恒。是因为有志就不会屈居人后；有识则知道学问无穷，就会谦虚谨慎，不会自负自大、坐进观天；有恒就会把事情做成。

曾国藩一生尽管读书万卷，学富五车，但是在读书这一问题上却十分谦虚。《曾文正公全集》有这样一句话：“吾阅性理书时，又好作文章；作文章时，有参以他务，以致百无一成。”可见，针对读书学习，曾国藩对自己的要求是多么的严格。

他说：“盖真能读书者，良亦贵乎强有力也，”要有“旧雨三年精化碧，孤灯五夜眼常青”的精神。他给自己规定，每日用楷书写日记，每日读史书十页，每日记茶余偶谈一则，这三件事未曾中断。

到了晚年，他的身体和视力都很差，但即便这样，他每天还是坚持读书，其中，读杜佑的《通典》，每天读两卷，薄的就读三卷，其勤奋可见一斑。

自古以来，中国人都强调读书学习的重要，为此流传着“家无读书郎，官从何处来”的谚语，而现代社会，人们更是把学习作为个人安身立命的需要，学习比任何时候都显得更为重要和迫切。青少年朋友，你若要顺应时代潮流，就应当比以往任何时候都更加重视学习，并把学习当成终生事业来经营。相反，假如你不愿意如此、不注意学习，就会墨守成规、缩手缩脚，只有抓好了学习，才能对新事物、新知识了然于胸，对新情况、新问题心中有数，才能更好地适应时代的要求。

当然，在树立学习意识后，你更应该掌握一些基本的学习能力，因为学习能力是所有能力的基础。

对于怎么学习的问题，我国从古至今就流传着许多脍炙人口的警言名句。如，“书山有路勤为径，学海无涯苦作舟”、“ 敏而好学，不耻下问”等，但要想提高学习能力，你还需要从以下几个方面去努力。

1. 制订详细的学习计划

盲目的学习是没有好的效果的，效率差的学习会让你的自信心逐渐消失殆尽，因此，你最好制订一份详细的学习计划：每天干什么，什么时间干，要有详细的计划，同时计划要切合实际，要略高于自己现在的学习能力。

2. 坚持你的学习计划

一直以来，学习都不是一件轻松愉快的事情，也不是一朝一夕、一蹴而就的事情，它必须付出艰苦的劳动。在你的思想上，不要把学习看作是一种负担，一种包袱和苦差事，学习是一种追求、兴趣、责任和愿望，学知识是为人生更快乐，更有滋味，更有激情。

3. 参加社会实践，帮助你实现能力的转化

如果不注重能力的转化、反受知识的束缚，那么对知识的学习将影响你能力的发挥，结果会与我们的初衷背道而驰。

参加社会实践，绝对不能是形式主义，更不是走过场。你会在活动过程中，得到许多的乐趣。真正的知识是对于一种事物发展规律的正确认识和经验。如果

你任何社会生活的经验都没有，那所谓知识只能是书本上的“死”知识，而不是生活中真正的知识。这样的你也绝不能自立，更别说经受得住社会的洗礼了。

4. 不要让理论知识束缚手脚，否定自己的能力

在面对一项工作时，如果对有关知识了解不深，他会说：“做做看。”然后着手埋头苦干，拼命地下功夫，结果往往能完成相当困难的工作。但是有些人，常会一开头就说：“这是困难的，看起来无法做。”这实在是划地自限，且不能自拔。

心理策略

任何人，要想有所成就，就要在有限的时间里学会更多知识，提高学习能力，掌握了学习能力，其他能力的获得也就容易得多。

勤于读书，不耻下问

生活中，我们不难发现一个现象，两个年龄相仿的孩子，学习着相同的内容，学习成绩好的一定是那个主动学习、主动发问的孩子，他的自主学习能力较强，不需要家长和老师的督促。而相反，学习成绩差的，一定是那个处处需要老师和家长指引和督促的孩子。事实上，学习效果与自主能力是成正比的。任何一个人的才能，都不是凭空获得的，懂得主动求学、主动询问的人，才能不断获得进步。

在学习的过程中，你一定要养成勤于读书，不耻下问的习惯，这一点，日日读书的曾国藩就是这样做的。纵观曾国藩的读书生涯，精心地购书、择书、读书，并读出自己的发现和感悟，并以此浸润和融入人生，在封建官吏中实不多见。多少人羡慕他的才华横溢，满腹经纶，但效仿起来，穷极一生也未必可以真

的实现。

他说，“余平生有三耻：学问各途，皆略涉其涯涘。独天文算学，毫无所知，虽恒星五纬，亦不认识，一耻也……”；曾国藩一直带着这种谦逊的态度学习，他勉励四弟，如果能立志发奋自立，无论是在家里，还是在私塾里、在旷野，甚至是那些热闹的场所也能读书。如果内心不清静，即使是安静的场所，也没办法读进去书。

除了曾国藩，先师孔子和中国革命的先行者孙中山先生都为我们做出了榜样。

孔子一直被中华儿女尊称为“孔圣人”，他有弟子三千，并有《论语》传世。孔子是个学识渊博的人，但却还一直很好学，并且常常“不耻下问”。

一次，他和弟子们去太庙祭祖。一进太庙，孔子就对很多问题产生了好奇心，于是，他就问这问那。

于是，有人笑道：“孔子学问出众，为什么还要问？”

孔子听了说：“每事必问，有什么不好？”

他的弟子问他：“孔圉死后，为什么叫他孔文子？”

孔子道：“聪明好学，不耻下问，才配叫‘文’。”

弟子们想：“老师常向别人求教，也并不以为耻辱呀！”

这就是孔子“不耻下问”的故事，一个学问渊博如此的人都谦逊于人，何况我们呢?

孙中山小时侯在私塾读书。那时侯上课，先生念，学生跟着念，咿咿呀呀，像唱歌一样。学生读熟了，先生就让他们一个一个地背诵。至于书里的意思，先生从来不讲。

一天，孙中山来到学校，照例把书放到先生面前，流利地背出昨天所学的功课。先生听了，连连点头。接着，先生在孙中山的书上又圈了一段。他念一句，叫孙中山念一句。孙中山会读了，就回到座位上练习背诵。孙中山读了几遍，就背下来了。可是，书里说的是什么意思，他一点儿也不懂。孙中山想，这样糊里糊涂地背，有什么用呢？于是，他壮着胆子站起来，问：“先生，您刚才让我背的这段书是什么意思？请您给我讲讲吧！”

这一问，把正在摇头晃脑高声念书的同学吓呆了，课堂里霎时变得鸦雀无声。

先生拿着戒尺，走到孙中山跟前，厉声问道：“你会背了吗？”

“会背了。”孙中山说着，就把那段书一字不漏地背了出来。

先生收起戒尺，摆摆手让孙中山坐下，说：“我原想，书中的道理，你们长大了自然会知道的。现在你们既然想听，我就讲讲吧！”

先生讲得很详细，大家听得很认真。

后来，有个同学问孙中山：“你向先生提出问题，不怕挨打吗？”

孙中山笑了笑，说：“学问学问，不懂就要问。为了弄清楚道理，就是挨打也值得。”

生活中的我们，也应该像孔子和孙中山一样，做到“为了学知识，不懂就要问”，然而，我们不得不承认的是，中国的教学采取的多半都是填鸭式的教育，而学生们也习惯了依赖，为此，从现在起，遇到学习上的问题，不要马虎了事，多问问他人吧！如果你能养成凡事质疑的习惯，那么，不仅提高自己的学习效率，还能帮助你在离开学校后继续成长、成才。

那么，你该怎样有效地向他人学习呢？

1. 树立正确的观念

树立正确的观念，这样才能学得自觉，学得长久。实践告诉我们，善借外智，才能思路开阔；善借外力，才能攀上高峰，一个国家和民族才能兴旺发达。否则，结果只能有一个：停滞不前。

2. 保持谦虚谨慎的态度

“三人行，必有我师”，要善于取人之长，补己之短，不懂、不会，要不耻下问，切忌不懂装懂，掩耳盗铃，自欺欺人；待人接物要礼让谦恭，用谦虚的态度博得他人的认可，在与人交往中不断提升自己的水平。

3. 要有持之以恒的精神

三天打渔，两天晒网、见异思迁的学习是不能产生令人满意的效果的。向他人学习，必须从不自满开始，无论取得多好的成绩，也不能停顿。

4. 学贵在用

向他人学习，归根到底是为了提高自己。学习他人的经验，学习他人的智慧，学习他人的教训，学习他人一切可以作为借鉴的东西。

随着社会的不断发展，人人都在不断向前迈进。我们就要学无止境，只有放下“架子”，丢掉“面子”，虚心地向他人请教，才能不断提高，不断进步，实现自己的人生理想与追求。

心理策略

一个人的知识和本领总是非常有限的，所以，应该谦虚一些，多向别人学习。不自夸的人会赢得成功；不自负的人会不断进步。而我们不缺乏学习，而是缺少发现，这取决于我们用什么眼光、从什么角度去看待每个人。

看、读、写、作，不可缺一

我们都知道，曾国藩爱读书，而且，他有自己的一套读书心得，他的读书之法包括：“‘看、读、写、作’四者，每日不可缺一”，并且还形象地比喻这四者之间的不同和相互关联。曾国藩将这一问题生动地比喻为富人之家积累粮食，我们看书，就好像是在外面做生意积累钱财，可以获得财富，而读书就是守住财产；这一点，也好比战争。看书是占领城池，是开拓的过程，而读书就是镇守土地。

从曾国藩的话中，我们了解到看书和读书的区别，这二者是相互关联的，但二者不可偏废。

至于写和作，是看和读的消化吸收和运用，是看和读的目的所在，是知识转化为能力的过程。

我们可以看出，曾国藩的“看、读、写、作”是读书过程中必须要统筹的四个方面，否则，就是不会读书，或者说读书没有效果。

因此，读书是一项综合活动，只读不看，或只看、读，不写作，都是不科学的。

曾国藩的读书之法告诉我们，任何时候读书都不能死读，不能死记硬背，要将这种方法运用起来，只有这样，才能从读书学习中获得创造性能力。

曾经有这样一则报道：

曾经有一名六年级的小学生，他对蜜蜂进行了长时间跟踪观察后发现，蜜蜂的发音器官并不是科学家们所说的用翅膀发音，而是在翅膀的根部有一个发音器官。于是，接下来，他依然带着怀疑的态度，将自己的想法写成了论文，因而，他获得了第18届全国青少年创新大赛优秀科技项目创新银奖和高士其科普专项奖。

这就是一个善于观察并敢于怀疑的青少年。事实上，每个人都有自己的独立思想，对事物有着自己的看法。你也要和这名小学生一样敢于怀疑，因为真正有效的学习并不是死读书，而是自主性的、探究性的、学以致用的学习。

可以说，质疑思维是许多新事物、新观念产生的开端，也是创造思维最基本的方法之一。

陶弘景是我国南北朝时的一位伟大科学家，一生有许多骄人的创造与独到的发明，其中关于蜾蠃秘密的揭示，解开了长期误传的谜团。

自然界，有一种细腰蜂名叫蜾蠃，传说它只是雄性，其后代是从菜地里偷来的一种名叫螟蛉的幼虫，经过自己精心抚养而成。从《诗经》开始，人们一直用“螟蛉”来形容假子、义子。陶弘景为了搞清真假，在查书无果的情况下，亲自去实际中看个究竟。他找到了一窝蜾蠃，用竹签细心挑开它的窝，看到里面不但有衔来的螟蛉，还有几条小肉虫，同时发现蜾蠃也是雄雌成对地并进并出。第二天陶弘景又去观察，发现一条小肉虫将一条螟蛉已吃了一半。过两天后再去看，窝里的螟蛉已被吃完，肉虫都变成了蛹。不久，蛹化成蜾蠃飞跑了。陶弘景恍然大悟：原来蜾蠃有自己的后代，螟蛉不过是被衔来给幼虫当粮食罢了。他感慨地说："人贵自立。不管什么事情，不能人家怎么说就怎么信。最好自己亲自观察，认真弄清事情的真伪，绝不能人云亦云，要打破砂锅问到底。"

陶弘景这种不唯书、不泥古、只求真的可贵品格，是科学精神的精髓。

同样，生活中的我们，无论是读书还是学习，都不能死读书，要多思考，也要多问自己、问他人为什么，秉持这种怀疑批判的精神，你才能做到去伪存真，才能真实获取知识。

具体来说，我们在读书学习时要做到。

1. 多看

人们常说："两耳不闻窗外事，一心只读圣贤书。"而其实，在启发形象思维这一点上，你必须学会多看，看看大自然，看看新闻，看看周边的人和事，用你的眼睛去感触外面的世界，你才会获取更多直观的知识，才有继续探讨的兴趣和热情。

当然，多看并不是说要你在学习的同时三心二意，而是说你应该保持敏锐的观察力，不"读死书""死读书"。

2. 多听

我们都长着一双倾听世界的耳朵，当蜜蜂从你耳边飞过的时候，你有什么感悟？当你听到两段不同的曲子时，你的心情又有什么变化？不同的鼓敲出来的声音为什么不一样……让你的耳朵随时保持敏锐的状态，你就能听出一个与众不同的世界。

3. 多想

看与听都是形象思维的初级阶段，对你所收集来的材料，如果不经过大脑的处理，那些材料只能称为废弃物。因此，开发你的大脑，找到答案，你会发现，不断探究的过程别有一番趣味。

心理策略

任何人，要想建筑成功的大厦，就不能死读书，要培养自己多看、多听、多想的习惯，将学习读书与实践结合起来，才能使你在某个领域当中越钻越深，才会有所成就。

活到老，学到老

曾国藩从湖南入京，一共12年时间，这期间，他一直广泛阅读，广交朋友，他经常和一些良师益友在一起切磋如何读书，读什么书，而这些，都为他日后在政治军事上的出色表现提供了理论基础。

可以说，曾国藩的一生就是活到老，学到老的典范。他“日以读书为业”。他5岁“受学于庭，诵读颖悟”，6岁时入塾读书，8岁能读八股文诵五经，15岁能成诵《周礼.仪礼》《史记》《文选》，并参加长沙的童子试，成绩俱佳列为优等，56岁那年仍能成诵《离骚》，仍能于“舆”中成诵“上林赋”千余言。他还说，“君子有三乐：读书声出金石，飘飘意远，一乐也”。其孜孜不倦、刻苦读书的精神，为他仕途的畅通奠定了基础。

曾国藩于1872年去世，可就在这一年，他也没有放弃读书，当时有一天，前河道总督苏廷魁路过金陵，此人是他的朋友，当时的曾国藩已经年迈多病，面对自己的挚友，曾国藩依然很礼貌，并执意亲自坐轿子去迎接苏廷魁。

在轿子中，曾国藩仍然在背诵“四书”，但他自己也没有想到，他背着背着，竟然中风了，随后不得不让下人将其抬回住所，等到身体稍微好转后，他又

开始读书，就这样，他一直读到去世的那一刻。

后来，他的家人在为其整理遗物时发现，他在去世的前一日还在阅读《理学宗传》中“张子”一章，并且写下了日记，这也是曾国藩生平留下的最后文字。

生活中，我们都要学习曾国藩爱书如命的精神，要知道，在科学技术飞速发展的今天，知识竞争已经成为一个人、一个企业，甚至一个国家能否在竞争中获胜的重要因素。要想在竞争中胜出，必须让自己的专业技能随时保持在巅峰的状态。而知识尤其是信息技术的更新速度之快，常常让我们应接不暇，危机每天都会伴随我们左右。

让我们从现在起，如饥似渴地去学习、学习、再学习，并让学习随时伴我们左右，只有这样才能使自己丰富和深刻起来，才能赢得灿烂的明天和成功的未来。

事实上，真正的知识没有尽头，正如有句话所说：“吾生也有涯，而知也无涯。”如若你想不断适应变化速度逐渐加快的现今社会，就必须学习无止境，把学习当成一项终生的事业，并把这项事业贯彻到每天的生活中，如衣食住行一般。

某日，一位管理学教授为一群大学生讲课。上课接近尾声时，教授拿出一个两公升的广口瓶放在桌上：“我们最后来做个小试验。”随后他取出一堆拳头大小的石块，把它们一块块地放进瓶子里，直到石块高出瓶口再也放不下了，他问：“瓶子满了吗？”所有的学生都回答：“满了。”他反问：“真的吗？”说着他从桌下取出一桶砾石，倒了一些进去，并敲击玻璃壁使砾石填满石块间的间隙。“现在瓶子满了吗？”这一次学生有些明白了，“可能还没有满。”一位学生说道。“很好！”他伸手从桌下又拿出一桶沙子，把它慢慢倒进玻璃瓶。沙子填满了石块的更多间隙。他又一次问学生：“瓶子满了吗？”“没满！”学生们大声说。然后教授拿一壶水倒进玻璃瓶直到水面与瓶口齐平。

从这个哲理故事中，我们得知，人生就好比这个瓶子，必须先把你生命中的大石块放进去，然后再放砾石、沙子、水，这个次序不能颠倒，否则，大石块就永远放不进去了。信仰、学识、技能、事业都是生命中的大石块，要趁着年轻力壮，把这些东西学好用好，稳稳妥妥地放进自己的瓶子里，然后再从从容容地去休闲去游玩去消遣。否则，年纪轻轻就先忙着吃喝玩乐，不干正事，不务正业，那就等于瓶子先装了一堆无关紧要的砾石、沙子，等醒悟过来，想装大石块时，为时已晚，只能空叹“少壮不努力，老大徒伤悲”。

而生活中，又有几个人能有这种意识，正是因为如此，很多人只能甘于平淡，甚至跟不上时代的步伐。但实际上，在中国古代，先驱们就深知这个道理。

上古时代，黄帝带领了六位随从到贝茨山见大傀，在半途上迷路了。他们巧遇一位放牛的牧童。

黄帝上前问道：“小孩，贝茨山要往哪个方向走，你知道吗？”

牧童说：“知道呀！于是便指点他们路向。”

黄帝又问：“你知道大傀住哪里吗?”

他说：“知道啊！”黄帝吃了一惊，便随口问道：看你年纪小小，好像什么事你都知道不少啊！接着又问道：你知道如何治国平天下吗?

那牧童说：“知道，就像我放牧的方法一样，只要把牛的劣性去除了，那一切就平定了呀！治天下不也是一样吗?”

黄帝听后，非常佩服：真是后生可畏，原以为他什么都不懂，却没想到这小孩从日常生活中得来的道理，就能理解治国平天下的方法。

正所谓：活到老，学到老，终生学习，才能不断进步。一切事物随着岁月的流逝都会不断折旧，我们赖以生存的知识、技能也一样会折旧。唯有虚心学习，才能够成功掌握未来。求知与不满足是进步的第一必需品。

一个人的工作也许有完成的一天，但一个人的教育却没有终止。那么，怎样才能够做到终生学习呢?

我们需要做到：

树立终生学习的理念，需要克服“时间太晚、年龄大了”的误区。

学习是没有时间和年龄限制的，只要努力学习、刻苦自励，从现在开始学习，为时未晚，年龄大不是拒绝学习的理由。

心理策略

社会是很大的一本书，需要经常不断地去翻阅。须知，在现代社会中，不充电很快就会没电。

第09章

君子立志，目光长远的心理策略

曾国藩是中国近现代史上颇有影响力的人，他一生为挽救中华民族而努力，这也是他的理想。而现实生活中的我们，相信不少人在年少时也都有自己的梦想，的确，梦想可以燃起一个人的所有激情和全部潜能，载他抵达辉煌的彼岸，然而，随着时间的流逝，一些人终将自己的梦想搁浅，当人们问及为何放弃梦想时，他们的回答是：『来不及了』『年纪大了』等，然而，这些都是借口，一个人只要心中有梦，年纪并不能阻止我们追梦，最重要的是立即去做，去执行，梦想也只有通过努力才能实现。

要有高远的目标志趣，才能远离迷惑

西班牙小说家塞万提斯曾经说过：“目标愈高，志向就愈可贵。”这句话的含义是，一个人树立什么样的目标，决定了他志向的高度。可见，思想是超越现实的起点，同时也可能成为禁锢创新的囚笼。对于任何人来说，思维的成熟程度以及深度将直接决定他们将会成为一个什么样的人，而他们的思维是受生活、环境以及自身经历和个人原则影响形成的，也就是说他的思想就是人格和心态的真实写照。所以，我们要树立高远的目标志趣，只有这样，在人生路上，面对那些迷惑和荆棘丛林，我们才能坚持原则和立场，继续往前走。

曾国藩一生教导门生幕僚要立志，关于立志，曾国藩是这样诠释：“君子之立志也，有民胞物与之量，有内圣外王之业，而后不忝于父母之生，不愧为天地之完人。”

曾国藩进入弱冠之年，自己改号“涤生”，他在日记中写道：“涤者，取涤其旧染之污也；生者，取明袁了凡之言：‘从前种种，譬如昨日死；以后种种，譬如今日生’。”抒发了自己弃旧图新，发奋图强的远大志向。

为此，青年时期的曾国藩在任翰林后，便以“立志、居敬、主静、谨言、有恒”五箴自勉，且以立志作为五箴之首位。可以说，立下坚卓之志是曾国藩人生成功的基础和前提。

他的书房墙上挂着“不为圣贤，便为禽兽；只问耕耘，不问收获”的座右铭。这种决然的态度，这种功名观，这种荣辱感，为我们叹服。

当然，现代社会，可能我们不再谈论这样立志了，确实，立志是看不见、摸不着的东西，所以不少人便趋向现实——功利。然而，正是因为如此，不少人才在功名利禄和灯红酒绿的诱惑面前失去了原则和立场，最终后悔晚矣。

的确，当今社会更是一个处处充满竞争也充满诱惑的社会，一个人要想从竞争中脱颖而出，就必须要做到有计划、有目标，不打无准备之战。然而，真正可贵的志向都是建立在远大的目标的基础上的。我们应该敢于为自己编制梦想，只有树立明确的人生目标，你现下的学习和生活才更有动力，也才不会偏离正确的人生方向。

当然，除此之外，你要想实现目标，就必须全身心投入到当下的学习过程中，否则，你的志向也只是空想而已。

为此，你可以从以下几个方面作出努力。

1. 不要把眼光局限于读书、学习或者工作上上

我们要告诉自己，要成为一个有远见和理想的人，多关注社会、国家，你的思维也就能慢慢变得开阔起来。

2. 多参加生活实践

思维和现实之间的差距就在实践，再美好的思维理想，如若不付诸行动，也如痴人说梦。这一点，应该落实到生活的细节上。只有体会到实施的难度，才能检验思维的成熟度。

3. 敢于想象，编织梦想

要成功，你必须要有强烈的成功欲望。任何一个人要想成功，就必须敢于想象，也就是你希望自己成为一个什么样的人，如果你每天浑浑噩噩，那么，你就只能注定是一个浑浑噩噩的人。

4. 下定决心，付诸行动

成功的第一秘诀就是要下定决心。当一个人决定一定要做的时候，他的潜能才可以真正被激发出来。否则，即使你的理想再超前，行动也始终是滞后的。

心理策略

任何人潜能的激发只有具有一个伟大的动力，才会被最大限度地激发出来。因此，不要犹豫了，为理想奋斗吧，你的人生才会别样精彩！

不是做“清官”，而是做大事

北宋哲学家张载曾说：“人若志趣不远，心不在焉，虽学无成。”这句话的含义是，一个人如果没有远大的志向，精神不集中，即使学习也不可能有太大的作为的。也就是说，一个人若想在学习上有所成绩，必须要做到两点：远大的志向和认真的学习。

对此，清末曾国藩也说过：“我不是做‘清官’，而是做大事。”这句话也表达了他远大的志向——为民族振兴而努力。

当然，相对于学习阶段的青少年朋友来说，现阶段你的主要任务是学习，在学习上，你只有专注，才能摒除外界对你的干扰，这也是你需要坚持的原则之一。

曾国藩还曾说：“君子立志，应当有把人类和万物作为自己同胞的胸襟度量，应当有修养品德、建功立业的雄心壮志。只有这样，才无愧于父母的生养之情，不愧为天地间的完人。”而他所忧虑的，就是自己不如舜帝、不如周公，以及自己不专修德行、不精通学业。于是，便会忧虑小民的顽固不化，忧虑外敌侵扰国家，忧虑坏人当道而优秀人才被排斥埋没，忧虑自己未能给平民百姓以恩泽，这就是俗话说的悲天悯人，这是君子之忧。至于那一己的成败，一家的温饱，世俗之人理解的荣辱得失、贵贱毁誉等等，君子是顾不上为此忧虑的。

曾国藩一生最大的长处，还在于立志做的事，就一定要做到，既然发誓不发财，就恪守之，他一生勤俭自守，不仅教育诸弟，子女，且身体力行。

其实，古之立大事者，不仅仅有雄韬大略，更有一个指导行动的信念和理想；理想是指导行动的，也就是说，如果我们想让行动领先一步，理想就必须超前一些。喷泉的高度不会超过它的源头；一个人的成就不会超过他的信念。有信心的人，可以化渺小为伟大，化平庸为神奇。如果你想活出一个不平凡的人生，如果你想成为一个成功的人，那么，从现在起，就尽早为自己树立一个为之奋斗的理想吧！

曾经，拿破仑指着地图上一条小路问："如果通过这条路直接穿过去有没有可能"时，那些探寻过的工程师们吞吞吐吐地回答："可能行的……还是存在一定可能性的。""那就前进吧。"身材不高的拿破仑坚定地说，丝毫没有为工程师的弦外音所动摇。谁都知道穿过那条道路的难度有多大，在此之前还没有人能够征服这座天然的屏障。

当英国人和奥地利人听到拿破仑想要跨过阿尔卑斯山的消息时，都轻蔑地报以无声的冷笑："那是一个从未有过任何车轮碾过，也从未有过车轮能够从那碾过的地方。更何况他还率领着7万人的军队，拉着笨重的大炮，带着成吨的炮弹和装备，还有大量的战备物资和弹药呢？"然而就当被困的马塞纳将军在热那亚陷于疾困交加的境地时，拿破仑的军队犹如天兵一样出现了。一向认为胜利在望的奥地利人不禁目瞪口呆，军心大乱，他们几乎不敢相信，眼前这个不到1.60米的小个子竟然征服了高不可攀的伟大山峰。

你的成就大小，往往不会超出你理想的范围之外。拿破仑的军队，之所以能北伐成功，做出了别人从未有过的成就，就是因为拿破仑具备别人从未有过的想法——别人不敢做的，他敢想，也就敢去做。

梦想是行动的原动力，没有梦想的人就不可能有创造性，无法获得成功，也不可能成长为有用的人。为什么呢？因为通过描绘梦想、锐意创新、不断努力，人格才能得到不断地磨炼。那么，当你曾经静下心来、自信品尝一杯咖啡的时候，当你与友人谈笑风生的时候，当你阅读他人成功宝典的时候……你有没有激发出自己内心关于梦想灵感的火花呢?

总之，生活中，任何一个人都应该明白，最大的危险不在于别人，而在于自身。如果你总是意志消沉、不思进取，那么，即使曾经的你有再大的雄心和勇气，也会被抹杀，最终也会滞足不前，一生碌碌无为。若你绝不能甘于平庸，为自己的人生负责，做与众不同的人，你才有可能触及理想与幸福。

为此，你需要明白。

1. 改变命运从改变自己的心态开始

从平庸到优秀只有一步之遥，但有的人终其一生也无法跨越。朋友们，你只有拒绝平庸，并产生强烈的渴望，才能做到卓越不凡。有了尽最大的努力把事情做好的志向，不断对自己提出严格的高标准，才会赢得别人的尊敬，做出令人吃惊的成绩。

2. 目标坚定

知道自己所求为何物，是第一步，而且也是培养恒心毅力最重要的一步。强烈的动机可以驱使人超越诸多困境。

3. 用信念支持行动，朝预期的目标奋进

设定目标是成功的必定步骤。在实现目标的过程中，你的小目标可能也会因为情况的改变而不断发生变化，但对于你设定的大目标，是不变的。事实上，无论小目标因为什么元素在变化着但还是脱离不了为实现大目标而努力的终极。

心理策略

一些人总是感叹命运不好，他们总习惯于把自己的艰难归咎于命运，事实上，世上真正的救世主不是别人，而是自己。你完全可以摆脱消极的想法，成为一个积极向上的人，培养自己的热忱，找到自己的目标，我们就能为现在的自己做一个准确的定位。

胸怀志向，做好准备

前面，我们谈及，曾国藩强调人要立志，而曾国藩自己一身的理想就是高举孔孟之道的旗帜，以儒家思想为指导，深入贯彻仁义礼智信。

青年时期的曾国藩把“治学”作为励志的起点。在学习中他以“只问耕耘，不问收获”的务实精神，力戒空谈，潜心学习。

因为他知道，只有学贯中西，有了扎实的学问功底，才能报效祖国，才能有朝一日为国立功。才能施展自己的理想与抱负，才能受到社会的承认和世人的尊敬。

可以说，曾国藩一生取得的成就，可以说都在“志向高远”中，在“修身”“治国”“平天下”传统思想文化的滋润和教化下取得的。曾国藩家书中，他告诉其弟，只有立下坚定的志向，才有可能勤奋自勉，不断增加自己的智慧和才干，才能干一番造福人类和社会的大事业来。

同样，我们也应从曾国藩的志向中明白一点，我们不仅要有远大的志向，更要脚踏实地，为理想奋斗。

要知道，一只鸟的翅膀再大，如果不努力振动，又怎能展翅高飞呢？一个人的才能再高，如果不努力拼搏，又怎能走向成功呢？一个国家的物产再丰富，如果不努力发展，又怎能屹立于世界民族之林呢？这一切都说明：行动胜于空想。

有位伟人说过：“世界上只有两种人：空想家和行动者。空想家们善于谈论、想象、渴望甚至于设想去做大事情；而行动者则是去做！你现在就是一位空想家，似乎不管你怎样努力，你都无法让自己去完成那些你知道自己应该完成或是可以完成的事情。不过，不要紧，你还是可以把自己变成行动者的。”行动者比空想家成功，是因为，行动者一贯采取持久的、有目的的行动，而空想家很少去着手行动，或是刚开始行动便很快懈怠了。行动者具备有目的地改变生活的能力。他们能够完成非凡的事业，与此形成鲜明对比的便是，空想家只会站到一边，因为仅仅是梦想过这些而已。

但凡历史上的伟人，无不既拥有超前的思想和超凡的行动力，并通过发挥自己的优势而赢得荣誉的。但凡成功的人士，无不是思想与行动的统一相结合体，并通过自身的努力才获取胜利。其实，这样的例子不胜枚举。那么，你是愿意做一个成功人士呢，还是只愿做个一点人生意味都没有的普通人呢？如果你选择前者，那么，从现在开始，你就得给自己规划一个详细的人生目标，并按照自己现有的自身条件去为之奋斗了。只要你这么想了，也这么做了，那么你的人生最终就是成功的。

“空谈误国，实干兴邦。”大到国家，小到个人，万事万物都得由小到大。或许你现在做着看似不着边、没有前景的工作。但我们要坚信，事物发展的道路是迂回曲折的，巴纳德说过：“机会只偏爱那些有准备的人。”成功的秘诀在于开始着手。现在就采取行动，愚公正是因为没有空想，才用行动移开了大山。

愚公的屋前有一座大山，他每天都要绕过大山，走到山的另一面。他觉得这给他带来很多麻烦，因此就想把山移走。于是，他每天就用一点的时间去“移山”，直到他死了，“移山”的工作始终没有停止，他的子子孙孙锲而不舍。最终，大山终于被移到他的屋后了。愚公付出了行动，默默地耕耘，经过那么多的风雨，终于看见了阳光，这是因为他少空想，多行动。

在我们心中，其实也和愚公一样，都有一个远大的理想。然而我们往往缺乏坚定的信念和顽强的拼搏精神与必胜的信心，因此目标只能停留在口头上，根本就不付诸行动，试问这样怎能实现远大的理想呢？

只有做“行动巨人”才是21世纪的大写者，才具有真正的王者风范。相反，“行动的矮子”只会被岁月的潮流淘汰。

当然，“行动”并不是一个抽象空洞的词语。它需要你用坚定的信念和顽强拼搏的精神与必胜的信心来实现。对此，我们需要做到。

1. 敢想敢做——有计划，有目标

一个天生胆大的人，总是一个敢想敢做的人。虽然有时候看似是在冒险，也

有危险，其实最大的危险不是冒险，而是一生只求平安无所作为。只要你足够勇敢，又拥有智慧，就没有什么事情是做不到的。

2. 突破自我——创造奇迹

一个人只有敢于打破现有的固定模式，才可能创造出奇迹。而奇迹不是每天都会发生的。想要奇迹发生，还要看你的行为标志和思维状况。那么，你是甘于平庸，还是让生命充满色彩呢？

当你每天早晨一打开窗户的时候，就会感受到一股新鲜的空气。于是，你感觉自己的身心是那么的轻松。接下来要做的事情就是，投入到每天的工作当中。好像这个世界上的事情永远做不完似的。另外，你可以每天让自己多出一点新奇的想法，给生活增添一点新奇的意味。如果你这样去做了，那么，你就等于在努力突破自我，虽然现在还没有奇迹发生，但至少和原来的你是不同的了。

3. 超越环境之上——做一个胜利者

环境是特定的，人是灵活的。因此，人不能被特定的环境所压制，而是要努力去冲破环境。作为人是不能被环境所屈服的，因为，我们是勇敢的。当一个人最想做自己的时候，那就等于想解放自我，而不再做环境的奴隶。即使这样做要付出很大的代价也不怕。

心理策略

“一切用行动说话”，这大概是对我们理想的最好诠释，努力学习、工作，并打好基础，社会才会接纳你，我们的目标也才有实现的可能。

大者行仁义于天下，使凡物各得其分

曾国藩曾说：“大者行仁义于天下，使凡物各得其分。”这句话的含义是，在大的方面，将仁义广施天下，使所有事物都得到合理的安排；在小的方面，对妻儿奉行道义，说不违背的话（即有言必行），来教导同族同乡的人。曾国藩这句话是要告诫我们要有胸怀天下的志向，为人处世要正直善良、讲道义，这正如他说的："自立立人，自达达人。"

每个人都希望自己有所成就，也有很多人为了心中的梦想，付出了很多努力，然而，并不是所有人都能满载而归。这并不是说他们付出的少、不够勤劳。那么，到底是什么导致了这样的结局呢？这值得我们每一个人去认真思考。有位企业家曾这样说："一个人不管有多聪明、多能干，背景条件有多好，如果不懂得如何去做人、做事，那么他最终的结局肯定是失败。做人做事是一门艺术，更是一门学问。很多人之所以一辈子都碌碌无为，那是因为他活了一辈子都没有弄明白该怎样去做人做事。"

因此，我们都应该记住这句话，先学好如何做人做事，并努力学习正确的做人哲学，才能真正展现自己的价值，实现梦想。

的确，从表面上看，做人做事似乎很简单，有谁不会呢？比方说做生意，很多人也是每天起早贪黑，内心想要赚大钱，可为什么后来失败了？赔钱了？你不能说他不努力、不勤快，这源于他们没有基本的做人原则——撒谎、贪心。我们要想取得成功，必须学会做人做事的方法。人道即商道，连起码的人都没做好，何谈从商，更谈不上让财富追随着你！

孟子有云："诚者天之道也，思诚者人之道也。"天之道就是自然之道。自然界的一切，宇宙万物都是实实在在的，没有虚假；真实是宇宙万物存在的基础；虚假就没有一切。人之道，是指做人的道理或法则。

世间万物，都有其一定的生长规律，人类社会也有其生存之道，做人做事更有其一定的规则，凡事顺其道才能事半功倍，违背法则必然得不到好的结果。身为一个社会人，无论我们遇到什么，都要记住自己的信念，不能改变自己的做人原则。而归结起来，其实也就是责任的问题，例如工作，我们不仅要把工作当成赚钱的工具，更要当作一份事业去经营，怀着对自己负责的态度，那么这个人不可能不成功，这个企业不可能不成功。

我们来看看香港首富李嘉诚是怎样分享与回馈社会的。

李嘉诚于1980年创立了自己的基金会，为医疗、教育、文化和社区福利项目提供资助，主要针对香港和内地。迄今为止，该基金会已为各项事业捐出及承诺款项约77亿港元，其中，内地约占64%，香港占29%，其他占7%。

另外，李嘉诚基金的管理特色在于从不动用现有资产，基金用多少，李嘉诚补上多少。李嘉诚曾多次强调指出，基金会是100%做慈善，帮助有需要的人，只是一直不喜欢将基金会用慈善两个字。李嘉诚还表示，无论其家族成员或是董事，都不能从基金会拿取一分一毫，基金会是百分百做捐献的。

李嘉诚基金会集中两方面的发展：通过教育使能力增值以及通过医疗及相关项目建立一个关怀的社会。至今，李嘉诚基金会及由李嘉诚成立的其他公益基金会已捐助过很多项目，其中64%用于内地的助教兴学、医疗扶贫和文化体育事业上。

另外，李嘉诚基金会的运作模式也有其独特之处，虽然基金会的资产规模已过百亿美元，但李嘉诚却从不动用基金会的现有资产，如果基金会在第一年捐出10亿元，第二年他就会再放10亿元来补足基金会的本金。

李嘉诚说，能够在这个世上对其他需要你帮助的人有贡献，这个是内心的财富。这个是我自己创造出来的，是真财富。因为金钱的财富，你今天可能涨了，身价高很多，明天掉下去了，你的财富可以一夜之间变为一半。只有你做出使世人受益的，这个是真财富，任何人拿不走。

你可能会认为，我没有李嘉诚的物质财富，对于社会，无法做到如此奉献。但真正的奉献也不是用财富来衡量的。只要你懂得不断奉献，你的人生财富也就在不断积累，不断充实！就像李嘉诚说的："金钱并不是人生中最重要的因素。'富贵'这两个字必须分开而看，'富'者不一定'贵'，真正值得珍贵的，还在于你为社会做了什么，在于所做之事能否令世人得益。"因此，他眼中真正的"富贵"，是必须懂得用金钱去回馈社会，如不能做到这样，即使拥有了金钱，也只不过是“富而不贵”。

的确，人生就是一条充满磨难的旅途，仅仅看重一点蝇头小利，是不会得到长期发展的。仅仅因为磨难，你就改变了自己的价值观，发了不好的心，偏离了正确的人生轨道，我想原本跟你志同道合的朋友就都会离你而去，所谓得道多助失道寡助说的就是这个道理。没有善缘，凭一己之力，岂会成功呢！

当然，可以这么说，做人做事是一门涉及现实生活中各个方面的学问，单从任何一个方面入手研究，都不可能窥其全貌。任何人，若要掌握这门学问，抓住其本质，就必须对现实生活加以提炼总结，得出一些具有普遍意义的规律来，才能有章可循，而不至于迷然无绪。

心理策略

种善因，结善果。人不应该是贪婪自私的，而是要站在人的立场，坚守做人的原则，以心相交，以诚相待，以利互惠，这样才会取得更大更远的利益！

尽早励志，然后不懈努力

我们都知道，任何一个有理想、有追求、有上进心的人，一定都有一个明确的奋斗目标，成功者总是那些有目标的人，鲜花和荣誉从来不会降临到那些没有目标的人的头上。

曾国藩就是我们很多人效仿的榜样。

他一生叱咤风云，与其勤勉读书和学习是有很大关系的。我们也应该从他的人生经历中明白一点，要想成为自己想成为的模样，就要趁早努力。因为目标是一切成就的起点。一个人，只有确立了前进的目标，才会最大可能地发挥自己的潜力。除此之外，努力是实现目标的唯一途径，只有不断努力，才能检验出自己的创造性，才能锻炼自己，造就自己。

因此，我们只有从现在起，树立一个精细、明确的目标并为之努力、奋斗，才会认识到体内所蕴藏的巨大能力，并最终实现自己的理想。

人只有树立了目标，内心的力量和头脑的智慧才会找到方向。如果一个人没有目标，就只能在人生的旅途上徘徊，永远到不了任何地方。正如空气对于生命一样，目标对于成功也有绝对的必要。如果没有空气，人就不能生存；如果没有目标，没有任何人能成功。

除了曾国藩，在很多渴望成功的人眼里，石油大王洛克菲勒也是他们学习的榜样。他能从一无所有到拥有现在的商业帝国是一个传奇，但事实上，这却是他持之以恒、积极奋斗的回报，是命运之神对他艰苦付出的奖赏。他曾经对自己的儿子说过这样一句话："我们的命运由我们的行动决定，而绝非完全由我们的出身决定。"一个人的命运如何，是掌握在自己手里的，出身只能决定我们的起点，不能决定我们的终点，对此，洛克菲勒的人生轨迹就可以证明。

幼年时的他就开始随着父母过着动荡不安的生活，他们总是搬迁。到他11岁时，父亲因一桩诉讼案而出逃。此后，年仅11岁的洛克菲勒就担起了家里生活的重担。

后来，对知识的渴望，让他在商业专科学校学习了三个月，在学会了会计和银行学之后，就辍学了。

出了学校的洛克菲勒，刚开始在休伊特·塔特尔公司做会计助理。在工作中，他始终不忘学习。每次，当休伊特和塔特尔讨论有关出纳的问题时，洛克菲勒总是认真倾听，从中汲取知识。另外，洛克菲勒在这家公司从业期间，为公司带来不少效益，赢得了老板的赏识。

洛克菲勒很细心，每次在为公司交水电费的时候，他都要逐项核查后才付款。而老板只看总金额，很快，这让洛克菲勒取得了老板的信任。

又有一次，公司高价购买的大理石有瑕疵，洛克菲勒巧妙地为公司索回赔偿。休伊特很欣赏他，就给他加了薪。

后来，洛克菲勒从一则新闻报道中得知由于气候原因英国农作物大面积减产。于是他建议老板大量收购粮食和火腿，老板听从了他的建议。公司因此而获取了巨额的利润。

成绩斐然的洛克菲勒要求加薪，但遭到了休伊特的拒绝。于是，洛克菲勒离开公司决定创业。洛克菲勒只有800元，而创办一家谷物牧草经纪公司至少也得4000元。于是他和克拉克合伙创业，每人各出2000元。洛克菲勒想办法又筹集了1200元，才凑够了2000元。这一年，美国中西部遭受了霜灾，农民要求以来年的谷物作抵押，请求洛克菲勒的公司为他们支付定金。公司没有那么多资金，洛克菲勒从银行贷款，满足了农民的需要。经过一年的苦心经营，获利4000美元。

而如今，洛克菲勒中心的53层摩天大楼坐落在美国纽约第五大道上。这里也是标准石油公司的所在地。标准石油公司创立之初（1870年)仅有5个人，而今天该公司拥有股东30万，油轮500多艘，年收入已达五六百亿美元，可以说，这里的一举一动牵动着国际石油市场的每一根神经。

洛克菲勒的人生就是从一个周薪只有5元钱的簿记员开始的，但经由不懈的奋斗却建立了一个令人艳羡的石油王国。洛克菲勒的成功并不是一个神话，他只是更懂得用行动和智慧来经营人生，他有一双发现机会的慧眼。从为别人打工开始，就显示出了与众不同的智慧。

这个真实的故事再次使我们坚信：一个人的内心中如果在年轻时就树立一个目标，并坚持不懈地为之努力，那么，他一定会是一位成功的人。

可能有些人会认为自己年纪尚轻，励志为时尚早，而实际上，一个人只有尽早树立目标，才能尽早付诸行动，才能找到努力的方向。因为目标不会凭空实现，不采取具体步骤，就不可能发生任何事情。

心理策略

任何人都要记住，人励志，一定要趁早，一个人，没有目标，就像断了线的

风筝，不知前方的路该怎么走；一个人，没有目标，就像一艘没有舵的轮船，只能随波逐流。

现在努力，就没什么来不及

我们发现，生活中，总有一些人感叹自己拥有一大堆梦想，问他为什么没实现，他的理由就是：来不及了。真的来不及了？既然无力改变又何必总是埋怨？如果埋怨、不满，又为何不去努力改变？如果你留心一下周围形形色色的人，就会发现，那些少数活得快乐的人，并不是因为他们有很多钱，也不是因为他们有更好的房子、工作，他们只不过是能够真正地为实现梦想而努力，怀着最真诚的心去追求自己想要的东西。

事实上，任何人，只要树立自己人生的目标并为之努力，就没有什么来不及。只要你立即行动、大胆地去实践，而不只是把它当成一个遥不可及的梦想，你就能实现，相反，如果你默默地将梦想藏在心底而不付诸行动的话，就只剩遗憾了。

相信不少人都了解，曾国藩一生叱咤风云，才37岁就官至二品，但我们可曾想过，他所处的年代正是清廷衰败之际，但他并没有因为这点儿自暴自弃，而是毅然决然决定力挽狂澜，要为民族振兴而读书学习。

曾国藩的事例告诉我们每个人，任何时候立志都不晚。成功不在于起步时间的早晚，也不在乎年龄的大小，只要我们为成功付出了相当的努力，成功就会来到我们的身边。反过来说，真正的成功来自于长期持之以恒的努力，任何急于求成和投机取巧都是无济于事的。一个投机取巧的人，一定一事无成；一个急于求成的人，不配做高手。

所以，如果你希望在未来过上幸福的生活，在现在开始，你就要早做打算，就要从现在开始努力。并且，再也不要被那些消极的思维左右了，不要认为自己年纪大，不要认为自己愚笨，努力成为一个积极向上的人，培养自己的热忱，找到自己的目标，我们就能为现在的自己做一个准确的定位，就能实现自己的人生目标。

索菲娅是哈佛大学艺术团的一位歌剧演员。

在一次演讲中，她当着全校师生的面提及自己的梦想——毕业以后先去欧洲进行为期一年的旅游，然后，她要去纽约的百老汇闯出一片天地。

就在这天下午，她的心理学老师找来问她："我听说你想去百老汇，那么，你今天去百老汇跟毕业后去有什么差别？"

"是呀，大学并不一定能为自己争取到去百老汇的机会。"索菲娅觉得老师的话很有道理，于是，她决定一年以后就去百老汇闯荡。

"你现在去跟一年以后去有什么不同？"

索菲娅一想，的确如此，接下来，她告诉老师自己决定下学期就出发。

接下来，老师又问："你下学期去跟今天去，有什么不一样？"是啊，老师说得对，接下来，索菲娅有些晕眩了，她仿佛现在已经置身于百老汇那金碧辉煌的舞台上了……她说，我决定下个月就去。

老师乘胜追击问道："那一个月以后去和今天又有什么不同呢？"

索菲娅的心情很激动，她说："好，我准备一下，一个星期以后就出发。"

老师步步紧逼："百老汇什么买不到？那些生活用品更是到处都是。那你要一个星期的时间准备什么呢？"

索菲娅激动地说道："好，我明天就去。"老师赞许地点点头，说："我已经帮你预订好明天的机票了。"

第二天，索菲娅就坐飞机来到了全世界艺术的最高殿堂——美国百老汇。

这天，百老汇一位著名的制片人正在筹备一部经典剧目，前来应征的人很多，但这位制片人只需要10位候选人。索菲娅接下来两天做的事情是找到剧本，然后她把自己关在出租屋里自编自演。

面试的时候苏菲亚自信满满地对制片人说：“我可以给您表演一段原来在学校排演的剧目吗？就一分钟。”制片人首肯了，他不愿让这个热爱艺术的青年失望。

索菲娅表演的正是制片人要排演的剧目，制片人惊呆了，因为眼前这位姑娘的表演实在太棒了。他马上通知工作人员结束面试，主角非索菲娅莫属。就这样，索菲娅来到纽约没几天就顺利地进入了百老汇，开始了她灿烂的艺术人生。

听完索菲娅的故事，生活中的你是否有所启示？的确，成功的人与那些蹉跎人生的人的最大区别，就是——行动！如果你能追溯那些成功人士的奋斗之路，就会感叹：“难怪他会做得这么好！”马上行动吧！你也不要再感叹时光荏苒了，从现在起，立即行动吧，下一刻的你也许就是成功！

要做到现在就做，你需要执行激发行动的六大步骤：

1. 我要得到什么样的结果

思考想要的结果，比如：下学期要达到的学习目标、背诵多少单词等。

2. 达不到目标有什么样的痛苦

想象一下，没有达成这个目标可能的痛苦场景，比如：个人价值不被认可！

3. 不行动有什么坏处

再思考，如果不行动会导致什么不良后果，比如：学习成绩不佳、目标完不成，不被认可、无快乐可言等。

4. 假如马上行动，有什么好处

那么，如果立即行动，又会带来什么好处，比如：有机会当上班干部、个人价值将得到认可，考上好的大学等！

5. 制订期限，马上行动

行动前，定下目标达成时限，比如：在两个月内，再提高十个学习名次！

6. 将行动计划告诉你的家人、父母、朋友和老师

看你的行动计划是否合理可行，先行检验一下，比如：告诉老师自己的目标，寻求他的辅导和支持，制订计划等。

心理策略

任何人，只有树立了目标，内心的力量和头脑的智慧才会找到方向。目标是对于所期望成就的事业的真正决心。然而，要实现目标，我们必须现在就做，绝不能耽误一秒。

第10章 大度宽容，拥有相臣风范的心理策略

自古以来，中华民族就是个充满爱与仁慈的民族。宽，就是要有宽阔的胸襟，宽大为怀，宽容对待事物；厚，就是要厚道。待人处世要忠诚老实，光明磊落，不要躲在阴暗角落里打利己损人的小算盘；仁，仁者，爱也。『要以仁爱之心待人』，这是曾国藩的做人原则。他告诫我们做人要和善，要有善心，不生恶念，不怀恶意，不施恶行。生活中的我们，也都要勉励自己成为一个宽厚仁慈的人，用宽厚仁慈的态度去对待和处理生活中的各种问题，会减少许多摩擦和冲突，减少矛盾。

以仁爱之心待人

儒家学说中的“恕”——以仁爱之心待人。何为仁爱之心？就是对他人的重视、关心、爱护，就是把他人当成爱人、亲人一样对待。

曾国藩告诉自己的门生和幕僚，出门时，无论碰到谁，都要像遇到了自己重要和尊贵的客人一样，修炼自己的情操使天下的百姓也为之受益。

曾国藩强调一定要有“利他之心”，所谓“利他之心”，佛教里是指“善待他人”的慈悲之心，基督教里是指爱。更简单一点说，就是“奉献于社会，奉献于人类”。当然，你还需要将这种爱贯彻到生活中的方方面面，而不是挂在嘴边。

是否有过这种经验，当我们与一些谦恭之人交谈时，会有一种如沐春风的感觉？所以反过来，我们待人也要亲和，也要有仁爱之心，让他人也享受如沐春风般的感觉。

中国人常说：“人之初，性本善。”这句话并不只是说人的本性是善良的，更是要告诫生活中的每一个人，都要心存善念，人只要心存善念便不会投机取巧，攀前附后；没有贪欲和害人之心，有怜悯、慈爱之德，才能善解人意，尽本分；心存善念，处事就大度，眼中看到的将永远是美好、良善的一面，反之亦然；如果人人都有这样的善念，那么，人与人之间的交流将会更加平和安详。

在现实生活中，经常会遇到某些人蓄意阻挡我们前进，在这种局面下，我们不能采取针尖对麦芒的方式，而应该学会调整自己的心态，然后运用友善的态度来催眠对方，那么，不仅能避免两败俱伤局面的出现，还有可能找到一条让双方共同前进的道路。下面是世界上的顶级富翁巴菲特和比尔·盖茨之间的一段

故事。

曾经一度，世界首富比尔·盖茨和世界第二富翁沃伦·巴菲特是两个互不相干的人。但后来的一次机遇，让他们重新认识了彼此，并建立了深厚的友谊。这件事情发生在1991年。

那年的一天，巴菲特给盖茨寄去了一张华尔街CEO聚会的请帖，主讲人就是巴菲特，因为对巴菲特心存偏见，盖茨对这次聚会不屑一顾，对于这张请帖，他也随手丢到了一旁，这一幕被盖茨的母亲看到了，她劝解自己的儿子：“我倒是觉得你应该去听听，他或许恰好可以弥补你身上的缺点。”母亲的话对盖茨起到了作用，他决定以全新的态度去认识巴菲特这个商界前辈。

二人见面后，对盖茨同样心存偏见的巴菲特也傲慢地说：“你就是那个传说中非常幸运的年轻人啊？”在听过母亲的劝解后，盖茨是抱着一颗真心来结识巴菲特的，因此，面对巴菲特并不客气地问候，他并没有针锋相对，而是真诚地鞠了一躬说：“我很想向前辈学习。”盖茨的这一举动让巴菲特觉得很意外，但也很感动，就是这一举动，让巴菲特对盖茨的印象一下子好了很多。

就在离会议开始还有一段时间时，这两个商界奇才坐到了一起，他们就世界经济这一问题发表了自己的看法，他们发现，原来彼此对于很多问题的见解都如此惊人的一致，除此之外，他们还要很多共同点，都是白手起家、热衷冒险、不怕犯错误。不知不觉中，时间溜过去一个多小时，意犹未尽的巴菲特被催促着来到演讲台上，他的开场白竟然是：“在开始讲话之前，我想说的是，今天我第一次和比尔·盖茨交谈，他是一个比我聪明的人。”

从这次聚会之后，他们之间进行了更为密切的交往，随后，他们都发现原来彼此从前对对方存有很深的偏见。盖茨逐渐认识到，原来巴菲特并不是人们所说的吝啬小人，而是对金钱有着超凡脱俗的深刻见解，他说“财富应该用一种良好的方式反馈给社会，而不是留给子女”。就是在他的影响下，一心忙于工作、对婚姻持怀疑态度的盖茨终于学会了热爱家庭。

而在巴菲特眼里，盖茨也是个年轻有为的“真人”。2006年6月15日，盖茨宣布将逐步退出微软，专心从事慈善基金会的事业。紧随其后，6月25日，巴菲特因为妻子过早去世，决定将370亿美元的财产捐给盖茨的慈善基金会。

巴菲特多次公开说，此生最了解他的人就是盖茨；而盖茨尊称巴菲特为自己人生的老师。

可以说，盖茨和巴菲特之间的偏见的解除，是由盖茨这个年轻人的一句“我很想向前辈学习”而逐渐解开的，他曾经给巴菲特的印象就是一个幸运的年轻人，而当他决定用一个真心去结交巴菲特的时候，就已经决定抛开成见，跨出了交往的第一步，这才会有后来两人关系的逐渐好转到成为莫逆之交。从这个故事中，我们看出一点，人与人之间的感情是相互的，要想获得他人的喜欢，我们首先就要尝试喜欢他人，并主动伸出友谊之手。

为此，我们就要做到。

（1）我们要用友善的态度对人，在与人交谈的时候，要多考虑对方的感受，不要轻易地说让他人心情不悦的话，更不要随便当面指出对方的缺点，即使他人有什么过错，也应该迂回、委婉地指出来，让他人感受到你的善解人意，这样才能取得别人更多的信任和喜爱。

（2）与任何人交往，都不可太过感性，如果只与那些说好话的人交往，就会掉进奉承的陷阱里，而交不到真正的朋友。

（3）我们应该放宽自己的眼界，不要只与自己喜欢的人交往。因为很多我们不喜欢的人，却是能激励我们成长的人，他们常常忠言逆耳，常常不厌其烦地指正我们的行为。

心理策略

在追求成功的过程中，无论你走到了什么样的人生高度，都不要将“善心”抛弃，这样，无论你走得多远，也不会迷失本性。

推己及人，换位思考

推己及人，换位思考，就是一种宽容。曾国藩要求自己努力做到“己欲立而立人，己欲达而达人”。他说：“我要步步站得稳，须知他人也要站得稳，所谓立也。我要处处行得通，须知他人也要行得通，所谓达也。……常用恕字自惕，常留余地处人，则荆棘少矣。”曾国藩从不居功自傲，不嫉贤妒能，而极力培养举荐人才。

曾国藩故居的富厚堂，是后来封为一等侯的时候建的，原来他家叫黄金堂。在建造黄金堂时，曾国藩弟弟与邻居闹了矛盾。他弟弟写信给曾国藩，希望他能出面解决这件事。而曾国藩也因此借用了康熙时期宰相张英的“六尺巷”的故事劝诫弟弟。这首诗的内容是：“千里家书只为墙，让他三尺又何妨？万里长城今犹在，不见当年秦始皇。”曾国潢听了哥哥的话，结果两家一模一样地复制了这个故事。

生活中的人们也要学习曾国藩的宽容豁达，要做到不断“修身”，使得自己的内心变得豁达、宽容，做到知识、能力与涵养兼备，才是成功的人生。

佛典中记载了这样一个关于心灵选择的故事：

有位老禅师住在深山中。一日他很晚才踏着月光回家，到家时发现有个小偷正在光顾他家。老禅师初见之时起了些微嗔怒之意，想将小偷抓住，但佛法的教诲令他放弃了这个念头，他选择了仁慈与宽容：脱下身上的长袍，静静地候在门外，等小偷出来之时，老禅师对小偷说：“您大老远来看望，可我实在穷，没什么好让你拿的，就把这件长袍送你吧。”说着便将长袍塞在小偷手里。小偷有些惊慌，抓着长袍跑了。老禅师看着小偷远去的背影，又看看头上的明月，叹了口气：“但愿我能将这轮明月送给他。”

第二日，当老禅师打开门时，发现他的长袍整整齐齐地放在门口，老禅师庆幸自己选择了仁慈，说道：“我终于送了一轮明月给他。”

我们每个人，也要接收老禅师赠与的“明月”，并把这轮“明月”放在心里，和老禅师一样做到待人宽厚仁慈，不斤斤计较。因为人生路途崎岖坎坷，人际关系复杂多变，实在不能事事计较。懂得宽容别人，自己的性情也就有了转折的余地，从而在各种生活境况里，无论遭遇什么样的人和事，都不至于怒发冲冠、牢骚满腹、委屈痛苦、郁气中滞。对别人是这样，对自己亦然。每个人的一生，都可能有顺有逆，在人生这短暂的旅途中，免不了要跌倒。人不可能免予跌倒，但必须学会如何跌倒；难免不遇到失败和灾难，但必须懂得接纳它，也就是说在逆进中，要懂得自己释怀。

日常生活中，令人烦恼的事情时有发生，它会使你感到不快、厌烦；有时，还有可能在你的心灵深处造成重创，甚至威胁到你的生活。面对这些，你该如何对待呢？

1. 换位思考，理解他人

同是一朵花摆在面前，会有“花谢花飞飞满天，红消香断有谁怜”的感怀，也会有”落红不是无情物，化作春泥更护花”的深刻。同是一轮明月挂在夜空，张若虚会吟出“江畔何人初见月，江月何年初照人”的思索，李太白会叹出“床前明月光，疑是地上霜”的乡愁。你能苛责寄人篱下的林妹妹的伤怀？你能否认落红护花的事实？你能责怪张若虚是无病呻吟？你能不屑太白的乡情？恐怕都不能。同样，对于他人的过错，在我们看来，可能令人无法原谅，但如果我们站在对方的角度考虑，可能你会发现，原来也是情有可原。

2. 自己的注意力从别人的错误身上转移，而关注自己内心的感受

其实，我们都清楚，是否原谅别人，只会对我们自身产生影响，而对方却没有这样的感受。如果我们懂得爱惜自己，那么，就要懂得原谅，生气其实就是对自己的一种折磨。是否原谅，表面看是包容和胸襟的问题，其实，它是一个懂不懂得自爱的问题。在这样的一个社会中，我们必定会受到别人的欺负、伤害、冤枉，但我们千万不要伤害自己。

从另外一方面说，对于犯过错，已经悔过自新的人，如果不懂得宽容他们，

而是继续以一种另类的责备的眼光看待他们，给他们贴上“罪人”的名片，全盘否认别人的同时，你得到了什么？选择原谅，情况会循一条神奇的轨迹转变。当我们改变了，别人也会跟着变。我们改变待人的态度，别人也会调整他们的行为。在我们修订对事物观点的同时，别人也会随着我们的新期望做出反应。

心理策略

人心不是靠武力征服而是靠爱和宽容大度征服的。宽容如阳光，亲切、明亮。温暖的宽容也确实让人难忘。

不计较个人得失，不与人相争

曾国藩一生经历很多事情，也有过教训与体会，但他一直秉持不计较个人得失，不与人争的原则为人处世。

有两则小故事：

一则是，在曾国藩还在岳麓书院读书的时候，他的同窗王元龄，此人是个纨绔子弟，学习成绩不怎么样，倒是仗势欺人。他与曾国藩同住一个房间，刚开始，曾国藩的书桌放在靠窗的地方，但是王元龄硬是抢占了这个地方，他说这个地方风水好。后来，他总是三番四次刁难曾国藩。可笑的是，最后考上举人的是曾国藩，王元龄一气之下又要和曾国藩换书桌的位置。

再有一则故事：

清末农民起义风起云涌，尤其是太平军，甚至占领了大半个中国，清廷无奈召集大臣商议国事，并称只要谁收复了失地、打败了太平军，就封其为王。当然，最后完成这一任务的是曾国藩，但最后，清廷居然只是封了他一等毅勇侯。我们都知道，在这一职位上面还有公，再是王，面对清廷的食言，曾国藩毫无怨言，他的幕僚还有湘军核心都劝他称帝，但曾国藩并没有这么做。

生活中的我们也要学习曾国藩的这种不计较个人得失的态度。在一些人眼里，吃亏的老实人成了“傻瓜”“无能者”的代名词，似乎吃亏是理所应当的。但我们似乎也注意到。那些愿意吃亏、让朋友占便宜的人总是有更好的人际关系，无论是工作还是生活中，他们也得到更多人的信任，有更多的升迁机会，也总是有更多的人愿意成为他们的朋友。其实，这句话印证了人们常说的“吃亏是福”这个道理，不计较得失、主动让步，让朋友多占点便宜，可能确实会带来利益上的损失，但却可能给你带来友谊、带来信任，而最主要的，我们获得了心灵上的充实感。

从前，有两个人，他们是邻居，一个叫纪伯，一个叫陈嚣。

纪伯是个爱占小便宜的人，这天夜里，他偷偷地将隔开两家的竹篱笆，向陈家移了一点，这样，他家的院子的范围就宽多了，但他做的这些都让陈嚣看到了。纪伯走后，陈嚣将篱笆又往自己这边移了一丈，使纪伯的院子更宽敞了。纪伯发现后，很是愧疚，不但还了侵占陈家的地方，而且还将篱笆往自己这边移了一丈。

陈嚣的主动吃亏，让纪伯感到相当内疚，这就欠下了陈嚣的一个人情，即使他还了这个人情，但是每当想起时，他还是会内疚，还是会想法报答陈嚣。

表面上是陈嚣吃了点小亏，但实际上因为他会吃亏，反而赢得了纪伯的友谊和尊重，在现代交际中，我们也要学会吃亏，自己吃点亏就是一个很好的交际方法。

生活中，很多时候，人与人之间常为一些小利小益计较，得失心太重，反而会舍本逐末。的确，人性里都有自私的成分，都希望能占点小便宜，但正是因为这一点，如果你能满足对方的这些小心思，那么，他是能感受到你的大度和豁达的，自然愿意把你当朋友，久而久之，对方也会自知理亏，也不会再事事占便宜了。

说起来简单，但现实中又有多少人能真正做到？在面对利益争端时，谁又能

真正退一步？那些礼貌用语，比如，“对不起”“没关系”“没什么”，又有多少人真的把他们记在心中了？世间有多少人为公车上的磕磕碰碰争得面红耳赤？为了一点蝇头小利，多少生意人争得你死我活？为了一点学术见地，又有多少人弃斯文于不顾？在那一刻这些人有没有想到“退一步海阔天空”的道理吗？

那么，我们该如何做到退一步呢？这需要我们站在他人的角度来思考问题，或者多想想这件事情所带来的好处，因为凡事都有它的两面性。

其实，生活中有很多事都是我们无法掌控的。大家都想占便宜，又哪里有那么多的便宜可占呢？保持一颗平常心，吃得起亏，也许真的会成为人生的一大幸事。这会让我们在对方眼里变得豁达、宽厚，让我们获得更深的友谊。这当然会使对方更心甘情愿帮助我们，为我们做事。

心理策略

世界那么绚烂，每个人都是独立的个体，任何人都不能把自己的思想强加于人，而我们又必须生活在一定的社会和集体中，这就需要我们学会包容和宽容，展开胸襟，绽开笑脸，接纳天下事，这时，心灵便比大地更厚重，比天空更广阔。

人要常怀愧疚之意

人的欲望是无限的，但作为一个身心健康的人，一般都能控制自己的欲望，而被欲望控制的人将没有幸福感。一个人是否能获得幸福感，还有另外一个来源，那就是分享。因此，我们应该明白一个道理，知上进、有所追求是一件好事，但让欲望占据了内心，便给人生的悲剧拉开了序幕。

心理学家认为，人类应该控制自己的私欲，要有知足、与他人共享的宽容之心、或者给予他人、满足他人的体谅之心。并且，只有做到常怀愧疚之意，我们才能获得更好的人际关系。曾国藩就是这样做的。他的一生都注重省察自身，知道自己的不足之处。

曾国藩认为，空间是无限的，属于个人的时间却是有限的，而每个人的力量更是渺小的，任何人想要做成事，都要靠众人的力量，所以人们之间不能斤斤计较。除此之外，曾国藩还注重平日里的自省。对于自身存在的缺点，他也是想方设法改正。为此，他特地向理学大师倭仁请教，如何克服缺点。

倭仁告诉他一个方法，可以从理学思想出发，将思维中那些原本错误的观念、想法以及曾经做过的错事都一一写下来，三个月后订成册，然后做一次认真的总结，以及细细分析如何克服这些缺点等。

倭仁的建议对曾国藩起了很大的帮助作用，他下了很大的决心改正了自己的缺点，人品也越来越正直，逐渐获得了很多人的支持。

曾国藩认为，人要常怀愧疚之意。他指出：“大抵人常怀愧对之意,便是载福之器,入德之门。”

可以说，曾国藩这种省察的功夫、愧疚的心理，使他能够放低身段，待人谦虚、宽容。这是他能够宽待他人、宽恕别人的思想基础。

古人云：吾日三省吾身。这是一句简单的话，但却蕴涵了丰富的人生哲理，行走于世，我们的心灵难免会染上尘埃，只有及时反省，检查自己的行为和心理状态，才能以全新的面貌重新上路，不至于迷失方向。因此，每一个人，都应该通过不停地自我反省，以提高自己的人生境界。

夏朝时候，一个背叛的诸侯有扈氏率兵入侵，夏禹派他的儿子伯启抵抗，结果伯启被打败了。他的部下很不服气，要求继续进攻，但是伯启说：“不必了，我的兵比他多，地也比他大，却被他打败了，这一定是我的德行不如他，带兵方法不如他的缘故。从今天起，我一定要努力改正过来才是。”从此以后，伯启每天很早便起床工作，粗茶淡饭，照顾百姓，任用有才干的人，尊敬有品德的人。过了一年，有扈氏知道了，不但不敢再来侵犯，反而自动投降了。

唯有反省才能进步，一个人不管失去多少，只要还能够自我反省，就是成功的。不仅要在逆境中反省，还要在顺境时反省，只有这样，才能防患于未然，将危机消除于无形。

那你每天应该反省些什么呢？

1. 人际关系

你今天有没有做过对自己的人际关系不利的事？你今天与人争论时，是否也有自己不对的地方？你是否说过不得体的话？某人对你不友善是否还有别的原因？

2. 做事的方法

反省今天所做的事情，处事是否得当，怎样做才会更好……

3. 生命的进程

反省自己至今做了些什么事，有无进步？是否在浪费时间？目标完成了多少？

如果你坚持从这三个方面反省自己，那一定可以纠正自己的行为，把握行动的方向，并保证自己不断进步。

一个具备反省能力的人一定要具有自我否定精神，就是要勇于认错。而反省的过程就是一个人心智不断提高的过程，更是一个人心灵不断升华的过程，也是我们对所遵循的标准不断反思和不断提高的过程。

事实上，反省无时无地不可为之，也不必拘泥于任何形式，不过，人在事物繁杂的时候很难反省，因为情绪会影响反省的效果。你可在深夜独处的时候反省，也就是在心境平静的时候反省——湖面平静才能映现你的倒影，心境平静才能映现你今天所做的一切。

至于反省的方法，则因人而异。有人写日记，有人则静坐冥想，只在脑海里把过去的事放映出来检视一遍。不管你采用什么样的方式，只要真正有效就行，自省也不能流于形式，每日看似反省，但找不出自己的问题，甚至对错不分，那就很值得注意了。

心理策略

勇于面对自己，正视自己，对自己的一言一行进行反省，反省不理智之思、不和谐之音、不练达之举、不完美之事，并且要及时进行，反复进行，才能够得到真切、深入而细致的收获。

予人余地，予己余地

人生在世，无论是谁，他一生的活动无非是两条：一为说话。二为做事。但无论说话还是做事，都必须既有条又有理。这其中的条例，即为对“度”的把握，中国人有句极具哲理的话：“话不说满，事不做绝。”这句话的含义是，为人处世要低调，要把握好分寸，很多时候，给他人留有机会，也就是给自己拓展空间；而做人太嚣张、对他人赶尽杀绝，也无疑是断了自己的退路。反过来，给他人机会，就等于是在为自己拓展空间。

针对为人处世，曾国藩曾强调，“恕则凡事留余地以处人，功不独居，过不推诿”。曾国藩为人处世讲原则，常说为国为公当努力拼争，为己为私当退让宽恕。他还常说：“得饶人处且饶人。”曾国藩强调要“与人为善”，那怎样才能与人为善呢？他认为，留有余地最重要，说话切把话全说完了，聪明切忌全部露出来了，好的事情切忌一个人全部占尽了。的确，与人方便，即与己方便；让别人过不去，就是让自己过不去。

一次，楚王邀请群臣来喝酒，席间，为了助兴，楚王叫来了自己最宠爱的两位美人许姬和麦姬轮流向各位敬酒。

因为是在室外举办的宴会，所以，当一阵狂风吹来时，在场的所有灯笼和蜡烛都被吹灭了。此时，一个好色的官员趁机摸了许姬的玉手。许姬当然本能地甩了一下手，谁知道，这下子，她一不小心扯掉了这位官员的帽带，然后她匆匆回到座位上并在楚王耳边悄声说：“刚才有人乘机调戏我，我扯断了他的帽带，你赶快叫人点起蜡烛来，看谁没有帽带，就知道是谁了。”

楚王听了，并没有责备那位官员，而是立即令人先不要点蜡烛，并对在场的所有人说：“我今天晚上，一定要与各位一醉方休，来，大家都把帽子脱了痛快饮一场。”

有了楚王的命令，大家也只好脱了帽子，自然也就看不出是谁的帽带断了。后来楚王攻打郑国，有一健将独自率领几百人，为三军开路，斩将过关，直通郑国的首都，而此人就是当年揩许姬油的那一位。他因楚王施恩于他，而发誓毕生孝忠于楚王。

“人非圣贤，孰能无过。”很多时候，我们都需要宽容，宽容不仅是给别人机会，更是为自己创造机会。

诚然，人们常说“凡事要认真”，这原本没错，但是一个人一旦认真到了较真的地步，眼里丝毫不揉沙子，那就是和自己过不去，到头来终究会自讨苦吃。所以，在与对手交涉的过程中，你也没必要把事做绝。俗话说：“兔子急了也咬人。”你把别人逼得没有丝毫退路，对方除了奋力反击之外还能有什么选择?

我们再来看下面的寓言小故事：

远古时候，有群水牛，他们推举某个雄壮、德高望重的公牛为他们的领袖。

这天，在水牛王的带领下，众水牛出来觅食，谁知，途中，他们遇见一只顽猴挑衅，还向水牛王抛掷石块。顽猴的行为激怒了众水牛，正当他们要报复时，水牛王阻止了他们。有水牛问他为什么要这样懦弱，以众水牛的力量，完全可以惩治这只顽猴。水牛王说了一段偈语来回答：“彼轻辱贱我，又当加施人；彼人当加报，尔乃得牲患。”过了一会儿，有一伙婆罗门经过这里，那只猴子又故技重演，打了这伙婆罗门。结果，被人抓住，痛打致死。

这则小故事中，水牛王是有远见的、聪明的，低调一点，换来的是和平。而猴子是无知的，他去招惹婆罗门，无疑是拿石头砸了自己的脚，而这更应验了水牛王的话，“彼轻辱贱我，又当加施人；彼人当加报，尔乃得牲患”。

俗话说得好“物极必反”、“满招损，谦受益，时乃天道。”水缸装满了水，再往里面添水，就会往外溢，这就是物极必反，事物发展到了极端，必然朝着相反的方向发展。我们为人也不可太狂妄，更不能欺人太甚，以强凌弱，给别人留后路也就是给自己留退路，有时受欺者貌似软弱，实际上是胸怀宽广，不与计较。当你受欺之后，不必忿恨不已，或冲动地做出让自己后悔的憾事。

心理策略

“话不说满，事不做绝”，是要求我们在说话、做事时把握好分寸，留有余地，而往大的方面说，是一种适度原则与中庸智慧。

豁达宽容，要有大家风范

生活中，我们常说要待人宽容，那么，具体来说，什么是宽容呢？宽容即允许别人自由行动或判断；耐心而毫无偏见地容忍与自己的观点或公认的观点不一致的意见；宽大有气量，不计较或不追究。可见，宽容，能体现出一个人良好的修养，高雅的风度。它是仁慈的表现，超凡脱俗的象征，任何的荣誉、财富、高贵都比不上宽容。宽容地面对生活，面对人生，才会使自己拥有一个平静从容的生活，才能使自己活得更轻松、更洒脱。宽容别人，其实就是宽容自己，多一点对别人的宽容，我们的生命中就多了一点空间，宽容是一种境界。但宽容和其他任何修养一样，不是一蹴而就能得来的，需要人们的“修炼”。

曾国藩一生求贤若渴，广交好友，他做人和交友能够胸襟坦荡，虚怀若谷，坚持“与人为善，取人为善”，这是曾国藩处理人际关系的一个准则。秉持这一原则，就可以使人与人之间以诚相待，互相信赖，博取人们的支持和真诚相助，事业就有成功的希望。

曾国藩追求相交以诚，大度宽容，不仅使自身增加了人格的魅力，更重要的是使他少树了许多仇敌。

佛家有云："精明者，不使人无所容。"我们常说的"得饶人处且饶人"，也是这个道理。事实上，宽容并不代表无能，却恰恰是一个人卓识、心胸和人格力量的体现，即所谓"海纳百川，有容乃大"。

有一天早上，在一所寺庙里，一位法师正好要开门出去，恰巧一个彪形大汉闯进来，狠狠地撞在法师的身上，并撞碎了法师的眼镜，谁知，这个大汉不但没有说道歉的话，反倒说："谁叫你戴眼镜的？"

令大汉奇怪的是，法师不但没有生气，反而笑了笑，不语。于是，他问："喂！和尚，为什么不生气呀？"

法师向大汉解释道："为什么一定要生气呢？生气既不能使眼镜复原，又不能让脸上的淤青消失，苦痛解除。再说，生气只会扩大事端，若我对你破口大骂或打斗动粗，必定会造成更多的业障及恶缘，也不能把事情化解。"随后，法师继续说："若我早一分钟或迟一分钟开门，都会避免相撞，或许这一撞也化解了一段恶缘，还要感谢你帮我消除业障呢！"

大汉听完这一番话后，十分感动。后来，他又问了许多佛的问题及法师的称号，在大师的一番教导之后，他若有所悟地离开了。

事情过了很久之后，一天法师接到一封报值挂号信，信内附有五千元钱，正是那位大汉寄的。

大汉为什么要给法师寄钱？原来，事情是这样的：大汉在读书时，不知勤奋努力，毕业之后，从事的工作也一直高不成低不就，十分苦恼。结婚后，因为不善待妻子，婚姻生活也不幸福。有一天，他上班时忘了拿公事包，中途又返回家去取，却发现妻子与一名男子在家中谈笑，他冲动地跑进厨房，拿了把菜刀，想先杀了他们，然后自杀，以求了断。

不料，那男子惊慌地回头时，脸上的眼镜掉了下来，瞬间，他想起了师父的教诲，使自己冷静了下来，反思了自己过错。

现在他的生活很幸福，工作也得心应手，妻子也觉得他变了一个人。因此，他特寄来五千元钱，一方面为了感谢师父的恩情；另一方面也请求师父为他们祈福消业。

法师的宽容带给了大汉觉悟，教会他用一颗宽容的心去对待别人。宽容是一条环环相扣的纽带，让我们彼此相连，珍惜生命。宽容不仅需要“海量”，更是一种修养促成的智慧，事实上只有那些胸襟开阔的人才会自然而然地运用宽容。

那么，我们该如何宽容地对待周围的人呢？

1. 根除偏见

要想根除偏见，就要首先根除狭隘的思想。只有远离偏见，才有人与内心的和谐，人与人的和谐，人与社会的和谐。

2. 懂得与人分享快乐

我们不但要自己快乐，还要把自己的快乐分享给朋友、家人甚至素不相识的陌生人。因为分享快乐本身就是一种快乐，一种更高境界的快乐。

3. 树立共赢观与换位观的树立

在交往中，如果与人产生了摩擦，应当把自己和对方所处的位置关系交换一下，站在对方的立场上，以他的思维方式或思考角度来考虑问题。这样，当你本来想发怒的时候，通过换位思考，你的情绪就会变得平静下来；当你觉得对方不可理喻的时候，通过换位思考，你会真切地理解他此时此地的感受；通过换位思考，你也会变得宽容。

心理策略

有人曾说，世界上最宽阔的是海洋，比海洋更宽阔的是天空，比天空更宽阔的是人的胸怀。宽容是种高尚的善意，他能使人处理好人际关系。若无宽容，生命将被永无休止的仇恨和报复所控制。只有善于团结，才会得到友善的回报！

第11章 以诚待人，用真诚换信任的心理策略

所谓诚，本义为诚实不欺，真实无妄，它包含着对己，对人都要忠诚的双重内涵。诚信作为中华民族几千年积淀下来的传统美德，历来为人们所崇尚。曾国藩也一直以『诚』和『血诚』作为做人的准则，的确，一个人诚实守信，换来的就是他人的信任，自然也就能获得大家的尊重，反过来，如果一个人因为一己之私或者谈吐安逸而失信于人，那么，你得到的利益也只是暂时的，你失去的是一个人的信任。所以，失信于朋友，无异于丢了西瓜捡芝麻，得不偿失的。

“诚”者，圣人之本

北宋理学家周敦颐曾说：“‘诚’者，圣人之本。”的确，圣人高不可攀，但是圣人的根本就是“诚”。曾国藩可以说是这句话的真正践行者，他说：“须有一诚字，以之立本立志。”“吾辈总以诚心求之，虚心处之。心诚则志专而气足，千磨百折而不改其常度，终有顺理成章之一日。”而后人评价曾国藩有这样的说法：他守着“拙诚”，埋头苦干，不论遭受多大打击，都不灰心丧气，而能再接再厉，坚持到底，这就是他成功的根本秘诀。

曾国藩的“拙诚”，用今天的话来说，就是诚实。“诚”，有两个方面的含义，第一个方面是做事认真、专注、义无反顾；第二个方面是为人真诚、淳朴，而现代社会，人与人之间的交往，更看重的是第二点。

《中庸》认为，“诚者物之始终，不诚无物”。“诚”贯穿在所有的事物中，如果没有“诚”就不能够成就事物。以诚相待是现代社会人际交往中最重要的法则，很多人际间的矛盾和问题等都能通过诚信的方法得到解决。真心待人，就会有所回报，回报的就是他人的信任。诚信是我们为人处世、获得良好人际关系的一种品牌。

从现在起，我们反省一下自己吧，你是否欺骗过自己的朋友、亲人或者同事？你是否尽心尽力地为你周围的人办过事？进行反省后，不妨从这些方面努力吧。

1. 凡事诚实，不要敷衍任何人

要做一个诚实的人，只有诚实才能看清自己的未来，触摸到幸福的温馨。敷人只能一时，而诚实却是长久之策。走正直诚实的生活道路，定会有一个问心无愧的归宿。

2. 防微杜渐，认识到不诚行为的危害

有位美国学者，为了给自己的某个研究找素材，他来到某监狱，并采访50个罪犯，最后，他发现一件有意思的事。

有一个罪犯在坦白自己是怎么走上犯罪这条道路时这样说：

“我是从撒谎开始走向犯罪的。”

“那你为什么要撒谎呢？”

“小时候，家里面兄弟姐妹好几个，有一次分苹果吃，其中一个苹果又大又红，我们都想要那个大红苹果。我对妈妈说：‘妈，大的红苹果给我吃。’妈妈瞪我一眼说：‘你不懂事，你怎能带头吃大的呢？’当时我观察发现，谁越说要，妈妈就越不给谁，谁不吱声或说了反话，谁就最有希望得到。这时我就撒谎说：‘妈妈，我就要最小的苹果。’妈妈说：‘真是个好孩子，就把大苹果给你。’说假话可以吃到大苹果！我们为了吃大苹果，所以就开始说假话。”

一次次小的撒谎行为就可能酿成整个人生的悲剧，这些罪犯之所以会走上人生的错误之路，就是从小小的谎言开始的。

3. 及时纠正自己的不诚实行为

人都犯过错，包括撒谎。也许你也曾经为了逃避一次罪责，为了获得某件东西而撒过谎，但你一定要认识到这种行为的错误性，主动找对方道歉，当你敞开心扉后，你的内心必定会畅快很多。

心理策略

做人最要紧的是诚实，一个人不诚实，人家就不相信你，失信于人，就不会有威信，也就什么事情都做不成了。

驭将之道，最贵推诚

我们都知道，曾国藩一生善于识人察人，更善于用人，他吸引了很多文人志士来到他的幕府，这不仅是因为他礼贤下士，还因为曾国藩以诚待人的人格品质，他曾说："驭将之道，最贵推诚，不贵权术。"作为学生的李鸿章深得其味，他不无敬佩曾国藩的"拙诚"，并说，"精通造化，守身用世"。他曾对其他人说，他从恩师曾国藩那里学到的最为重要的一个字就是"诚"字，而正是这个字，影响了他的一生，宦海浮沉还是仕途通塞，他都以此字为行事原则，所以，他晚年说："古人谓一言可以终身行，真有此理。"

曾国藩的"拙诚"告诉我们：忠诚于工作事业，诚信于处事交友，诚心于洁身自好，今天仍然可以终身行之。

同样，现今社会，作为领导干部，与下属打交道，也要诚信待之。比如，作为领导者，在工作中，给下属鼓励是一种激励，这种鼓励的方式有很多种，比如加薪、升职、奖金、福利等，但你若开出支票，就一定要兑现，千万不要给下属开"空头支票"。

一些人认为，自己是领导，即使开了空头支票下属也不敢做违背你意愿的事，但你还需要明白"水能载舟亦能覆舟"这个道理，如果你的下属已经对你失去信任，被你伤透了心，那么，他很有可能存心给你使坏，让你的工作无法正常地开展下去。我们先来看下面一个故事：

小芬经营着自己的一家服装设计公司，她一直希望能把自己的公司做到国际市场上，但她是个抠门的人。她经常让下属加班，一周七天，大家有三天以上的时间需要加班，对于这些加班的下属，她经常对大家承诺："大家再努力一点，这个月业绩要是能达到××万，我就带你们去三亚玩去！"听到老板这样的承诺，大家自然是干劲十足。可是当月底业绩表显示业绩额完成、大家满心欢喜地等待她的发团通知时，她却说："别一天想着玩，赶紧干活去。"就这样，一个月又一个月地过去了，她给大家开了很多空头支票，但却没有一张实现过。

后来，有个员工主动辞职时质问小芬的这种做法，对此，小芬的回答是：“走就走吧，你走，有的是大学生来找工作。我也不缺你这样的人。”这句话后来传遍了整个公司，于是，接下来，公司老是有人辞职和应聘。小芬倒也很高兴，可是他怎么也没有想到公司的寿命只有短短一年。因为公司受到市场影响，根本没有业务。公司的几个尖子人才也都走了，剩下的也都是一些没有能力的人，看着即将倒闭的公司，小芬傻眼了。

故事中，小芬的公司为什么到最后不得不面临倒闭？剖析一下，无非是两个原因，第一是经营不善，对市场判断不准确。第二是人为原因。她对下属乱开空头支票，伤了下属的心，造成下属离职，人才流失。的确，原本你给下属很好的承诺，下属也努力做了，达到目标，你却反悔不给予兑现。最后的结果是，下属敢怒不敢言，更有甚者会因此辞职了事。

可见，身为领导者，对下属真诚相待是多么重要，你不守信用，对方自然不愿为你效劳。相反，假如你言出必行，履行了自己开出的支票。那么，你就在下属心中建立起了权威，他们也会认为你是一个信守承诺的人，你做事的“交易成本”就会大大减少，人际沟通的效率也会大大提高。

总之，身为上司，在对下属做承诺这一点上，需要注意以下几个方面。

1. 尽量注意自己的言行，不要随便许下承诺

时刻记住，你是一个领导者，尽管你应该与下属沟通感情，但在遇到工作业绩良好、事业进展顺利时，千万不要在下属面前喜形于色，更不要脱口而出喊出承诺。

2. 冷静面对下属主动要求的承诺

一般在上司面前，有些调皮的下属会懂得见机行事，诱使你做出承诺。比如，“我们提前完成任务，您是不是给我们发奖金？”等等，越是这样，你越要冷静。

3. 一旦做出承诺，一定要实现

你也许一时高兴就做出了承诺，但这并不要紧，要紧的是你一定要实现。当你实现了你无意中为下属开的一张支票，他们更会钦佩你的为人。

4. 可以不事先承诺，等下属实现目标后再奖励

有时候，你并没有答应下属什么，但下属却努力工作，提前完成了今年指标，作为领导，如果主动提出给下属好处，那么肯定给大家莫大鼓励，如上KTV、烧烤或者临时度假等。

总之，你必须认识到，对下属不真诚会伤透了下属的心，会让以后的工作出现无法想象的损失，偷懒频率上升，辞职人数增加等问题。到时候，你手下无人或者只剩下一堆偷懒的下属时，效率肯定会低下的。

心理策略

在每个下属心中，都有一定的期望值，你得给他们目标和梦想。开出支票是引诱他们不断前行的必要条件，但是，目标达到了，你若不能兑现自己的诺言，那么，下属肯定会心有怨言，这时你不仅丢了诚信，更是丢了人品。

真义血性，矢志不移

曾国藩是清末湘军的创办者，并且为清廷平定了太平天国起义。但我们不曾知道，曾国藩在这一过程中所遭受的痛苦、屈辱，事实上，让曾国藩最终坚持下来的是“血诚”原则，他把“血诚”作为自己建功立业的根本与基石。

曾国藩一直坚持诚实的做人原则，并且，对“诚”有很深的研究、独到的思考，他把“诚”，提高到“血诚”这一高度，并作为自己一生的行为准则。而“血诚”的含义是，做事要有一种态度，强调的是真义血性、矢志不移。曾国藩

还有一句名言，叫“打落牙齿和血吞”，也就是说，即使被人打掉了牙齿，一味地呼喊是没有用的，还不如将牙齿带着血咽下去，然后继续前行。

曾国藩曾作为在籍的侍郎，被清廷任命团练大臣，不过这个职位是徒有虚名，因为他没有得到朝廷任何人力和财力的支持，要知道，晚清朝廷，到处是腐败之风，在这样的时局下，要成事是很难的，但是曾国藩咬牙挺住，凭着坚韧不拔的精神千方百计组建团练。

当时在长沙组织团练的时候，当地官员就总是给他出难题，一个副将甚至还唆使绿营兵丁要打他。经历过无数的艰难困苦，曾国藩终于按照自己的意愿把“团”练成了。

现代社会，我们也要有曾国藩那种血诚的勇气，要知道，我们自打出生的那一刻起，就被赋予了责任与使命，然而，每个人对于自己所承担的责任的意识是不同的，例如，面对学习，有人有一种自觉的意识，学无止境，只有不断努力充实自己，才能面对各种各样的竞争；但却有一些人得过且过，最终被社会竞争淘汰。同样，面对工作，一些人尽职尽责，做好每个细节上的工作；但也有一些人，玩忽职守、心不在焉甚至以权谋私。这其中就反映出人们工作责任心的强弱。道德的根本问题在于调节个人利益与社会整体利益的关系。因此，责任心的强弱，能够反映一个人品德的优劣。

在中国的古战场上，曾经发生过这样一个故事。

一天大雪纷飞，一场战斗还在进行中。在这场战斗中，发生了这样一个故事：

一名将士带着自己剩下的几名士兵继续守护自己的城市，但不幸的是，他很快听到消息，敌军马上就要来攻打这座城池，而凭他们的实力，是撑不了多久的，为此，他决定派自己的一名信得过的士兵去另外一座城市求援。在接到命令后，这位士兵马不停蹄地赶往另一座城市。

在半路，士兵却遇到了一个难题，天马上要黑了，温度也降了很多，前面的湖面一个人都没有，任何船家都回去了，他只得在这里等候，看看有没有出没的船只。

天真的黑了下来，这个士兵很害怕，瑟瑟的风吹着，他冷的缩成了一团，天又开始下雪了，还越下越大，他暗暗祈求：上天啊，求你再让我活一分钟！当他就快撑不住的时候，他看到，天亮了。

他牵着马来到河边，眼前的景象让他欣喜若狂，那条原本阻碍他的大河已经结成了冰。他试着在河面上走了几步，发现冰冻得非常结实，他完全可以从上面走过去。士兵欣喜若狂，就牵着马从上面轻松地走过了河。城市就这样得救了，得救于士兵的忍耐和等待。

作为一名军人，他的使命就是保护人民、国家的安危，正是因为认识到自己的使命，这名士兵才能忍得旁人所难以忍受的东西，经受住各种考验，最终以超强的意志力战胜了寒冷和绝望，拯救了自己，也拯救了人民，而这就是曾国藩所说的“血诚”。每个人，都必须培养自己的责任心，具备这一点，无论是面对生活、学习上的困难，还是为了迎接未来进入社会生活，都是有益的。

为此，你需要做的是：

1. 竭尽全力做每一件事

在今天这个竞争激烈的社会，你只有竭尽全力去做每件事情，才能有一个好结果和好成绩。竭尽全力是一种精神，一种积极主动、永远奋力向前的精神；更是一种态度，一种不计报、不畏艰难、不找任何借口、倾其全力去完成任务的态度；还是任何一个成功者所必备的素质。

2. 不仅要努力，还要做到最好

在做事过程中要具备进取心，勇于超越卓越者，努力把事情做到最好。“生命不息，奋斗不止”，不应只是成功者的做事原则，也应该成为众多人的共识。

3. 乐于助人，做正直之士

生活中，我们都会遇到一些难以解决的困难、问题，此时，我们也都希望能得到他人的关心和帮助。如果我们平时总以冷漠的态度示人，别人又怎么会在你需要帮助的时候伸出援手呢？因此，想要他人相助就需先助人，如果我们每个人都能主动关心、帮助他人并形成一种助人为乐的风尚，那么，还用担心自己是“孤家寡人”吗？

心理策略

任何一个人，只有具备高度的责任心，把责任看成比生命更为重要的财富，才能竭尽全力做任何事。这种精神的有无，可以左右一个人的成败。处处全力以赴，即使从事最平庸的职业也能增添个人的荣耀。

坦诚相待才会互相信任

对很多人来说，曾国藩有很大的魅力，百年来中国历史上众多叱咤风云的人物都对他顶礼膜拜，他事功极大，心性坚韧，而他最令人佩服的是以诚取信于兵将，因而他最终取得巨大成功。作为亲率三四十万人马的湘军最高统帅，他丝毫没有飞扬跋扈、扬扬自得之态，反而处处小心，慎之又慎。

同样，生活中的我们，也要学习曾国藩以诚取信于人的品质。要知道，越是诚实的人，信誉就越高，越能获得人们的真诚信任。“浇树浇根，交友交心。”人际交往中，我们若想交到真正的朋友，获得他人的信任和支持，首先要做到的就是对他人敞开心扉，而不能以面具示人。我们发现，那些人际关系良好、和朋友相处融洽的人，无不是做人坦诚者，因为只有坦诚才能获得信任，这才是真正意义上的“以心交心”。尤其在与陌生人的交往中，主动交往、坦诚自己的感受往往更能带动对方参与交往。

某小区四楼和五楼，分别住着一对工薪阶层夫妻张先生夫妇和李先生夫妇，但即使是楼上楼下的邻居，因为平日上下班时间不一，连交谈的机会都没有，只是知道有这么个邻居存在而已，因为很少有来往，偶尔搭电梯照面时也仅是点个头。

其实双方也都深知“远亲不如近邻”的道理，但彼此似乎也习惯了不相往来。然而自从某个机缘让这对邻居相识之后，情况就完全改观了。

说起这件事，还得从小区内的垃圾说起，那阵子刚好发生垃圾处理问题，由于公共垃圾场的租约已到期，原业主因为私人因素坚持不肯续约，一时之间大小马路边垃圾堆积如山，臭气四溢。

这天，刚好是假日，李先生和太太搭电梯下楼碰到了张先生和他的妻子。张先生勉强挤出一丝笑容以“垃圾问题严重”为题跟李先生稍稍寒暄了一下，李先生也就趁机打开了话匣子。

他故作神秘地说：“我家从来没有垃圾的困扰！”张先生夫妇听了十分诧异，并且询问其原因。

李先生回答说：“很简单啊，只要每天早上刻意地将垃圾包装得整整齐齐地放在大楼门口摩托车的后座上，一会儿垃圾包自然消失。”张先生跟太太听了不禁大笑出来，笑让他们之间的距离拉近了，从此以后两家人就熟络起来。

一对不相往来的邻居为什么能够建立友谊？因为李先生的主动！假如这时的李先生和平时一样，只是象征性地点头示意，那么，便没有后来的交往。

可见，如果我们想结交友谊，取信于人，就应该迈出交际的第一步，大胆地与人交流，并以诚待人，具体来说，我们需要做到：

1. 找出交往的契机，主动伸出友谊之手

案例中的张先生正是因为做到了这点，才打开了对方的话匣子。然而，并非所有的人都是善谈的，有的人沉默寡言，虽然有交谈的欲望，却不知从何谈起。这就需要你改变态度，率先向对方发出友好信号，激起对方的谈话欲望，以达到交流的目的。

2. 一诺千金

真诚是力量的一种象征，它显示着一个人的高度自重和内心的安全感与尊严感，守信更是一种具备荣誉感的表现，也就是说，不要轻易允诺别人，一旦允诺，就要尽力做到！

3. 发挥微笑的魅力

俗话说得好，伸手不打笑脸人，对于别人善意的微笑，我们怎么可能会拒绝呢？卡耐基说，笑容能照亮所有看到它的人，像穿过乌云的太阳，带给人们温暖。行动比言语更具有力量，微笑所表示的是："我喜欢你，你使我快乐。我很高兴见到你。"交际中，我们对他人多报以微笑，就会让对方被我们的善意和热情所打动，久而久之，他们也会对我们回以微笑。

4. 以真诚打动人心

与人交往，贵在"诚"字，用诚心和热心才能打动他人，还有最重要的一点，必须得首先主动敞开自己的心怀。从一开始就要讲真话、实话，不遮遮掩掩、吞吞吐吐，要以你的坦率获得新同事的好感和爱戴。

因此，从现在起，不要再苦恼自己为什么在人际交往中得不到他人的喜欢、事事不如意了，或许过失并不在于他们，而在于我们没有做到用真心、诚心、热心打动他们！

心理策略

在人类所有的情感中，友情是最需要信任和付出的，私心和猜忌是友情的致命敌人。正如有人说："假如我们都知道别人在背后怎样谈论我们的话，恐怕连一个朋友都没有了。"这并不是一句否定人与人之间友情的话，相反地，它正在告诉我们，只有以心交友、推心置腹地为朋友付出，才能收获友谊的果实。

可靠的人总是坦诚地表现自己

我们都知道，曾国藩一生注重修身养性，注重修炼品德、以诚待人。曾国藩对事业的执着、对他人的真心，吸引了一大批人才来到他的旗下，曾国藩幕府人才之盛，在当时是无人可比的。对这一批人，曾国藩都悉心栽培。每次打完仗，曾国藩都要保一大批人，把功劳分给大家，他自己从不居功自傲，所以大家都愿意跟曾国藩共事，愿意供他驱使。

曾国藩的事例告诉我们，为人处世一定要坦诚，只有坦诚，才能获得他人的信任。演员演戏时也是如此，那些演技精湛的演员，都会做到让自己融入角色，然后袒露自己的真实感受，进而打动观众；相反，那些演技浮夸、刻意表现的演员，会让观众感到不屑。

从演员的表现中，我们不难得出，在人际交往中，我们若想交到真正的朋友，获得他人的信任和支持，首先要做到的就是对他人敞开心扉。

古时候，一个偏远山区的村落里，住着一位小有名气的雕刻师傅；因为这师傅的雕刻技巧不错，所以附近一村庄的寺庙，就邀请他去雕刻一尊菩萨的像。

可是，要到达那个村庄，必须越过山头与森林；偏偏这座山传说闹鬼，有些想越过山的人，若夜晚仍滞留在山区，就会被一极为恐怖的女鬼杀死。因此，许多亲人、朋友就力劝雕刻师傅，等隔日天亮时再起程，免得遇到不测。

不过，师傅深怕太晚动身会误了和别人约定的时辰，感谢大家的好意后只身赴约。走啊走，天色逐渐暗淡，月亮、星星也都出来了，这师傅突然隐约发现——前面怎么有一女子坐在路旁，草鞋也磨破了，似乎十分疲倦、狼狈。师傅于是探询这女子，是否需要帮忙，当师傅得知该女子也是要翻越山头到邻村去，就自告奋勇地背她一程。

月夜中，师傅背着她，走得汗流浃背，后停下休息。此时，女子问师傅："难道你不怕传说中的女鬼吗？为什么不自己快点赶路，还要为了我而耽搁时辰？"

"我是想赶路呀！"师傅回答，"可是如果我把你一个人留在山区，万一你碰到危险怎么办？我背你走，虽然累，但至少有个照应，应该互相帮忙啊！"

在明亮的月色中，这师傅看到身旁有块大木头，就拿出随身携带的凿刀工具，看着这女子，一斧一刀地雕刻出一尊人像来。

“师傅啊，你在雕什么啊？”

“我在雕刻菩萨的像啊！”师傅心情愉悦地说：“我觉得你的容貌很慈祥，所以就按照你的容貌来雕刻一尊菩萨！”

坐在一旁的女子听到这话，即哭得泪如雨下，因为她就是传说中的“恐怖女鬼”。

多年前，她只身带着女儿翻越山头时，遇上一群强盗，但她无力抵抗，除了被奸污外，女儿也被杀害；悲痛的她，纵身跳下山谷，化为“厉鬼”，专在夜间取人性命。

可是，这“满心仇恨”的女子，万万也没想到，竟会有人说她“容貌很慈祥，很像菩萨”。刹那间，这女子突然化为一道光芒，消失在月夜山谷里。

隔天，师傅到达邻村后，大家都很惊讶他竟能在半夜中，活着越过山头。而从那天后，再也没有夜行旅人，遇见传说中的“女厉鬼”了。

这位师傅就是用真诚感化了这位曾经害人性命的“女鬼”，可见，真诚在化解人际矛盾中的力量是多么强大。

生活中的我们也要明白，无论是在商场还是职场，都需要智慧，但真正的大智慧都是建立在真诚的基础上，只有真诚，才能获得信誉，才能得到人们的支持。只有真诚加上聪明，我们的奋斗才可能是道德的，人生也才会是成功的。

心理策略

做人之道并非秘不可解，学会对别人付出，你就会有回报，成功之路走的就会更畅通，学会做人是立世之本，提前进行情感投资是追求个人成功最保险的方式之一。一个能够为别人付出情感的人，才是真正富足的人！

有诚心，才能迎来真朋友

我们都知道，曾国藩是政治家、军事家，但他首先是个儒家，而且是大儒。在他的身上，我们能看到始终散发出来的儒家智慧的光芒，因为在他的一生中，始终践行着儒家思想的理念。儒家讲修身，认为这是做人之本。修身才能齐家，才能治国平天下。

在修身上，曾国藩一直严格按照儒家的要求，不断学习，不断提高自己的修养，曾国藩秉持“以德为先”的原则，他说唯有忠诚靠得住，所以无论对自己的幕僚还是文官武将，甚至是对家人、朋友，曾国藩一直以诚待人，不弄虚作假，正因为如此，他才获得了后人的敬仰。

我们都希望能交到真朋友，但前提必须是自己能做到以诚待人，用诚信打动人，我们先来看下面一个故事：

萧晨现在已经是一家大型器械公司的销售经理，小时的几个闺蜜听说她有今天的成就，都觉得不可思议，因为从小到大，萧晨都是一个很木讷的女孩，不怎么爱说话，那么，她是如何做到的呢？在一次闺蜜的聚会上，大家议论起了她。

“其实，我觉得不奇怪，她虽然不像我们一天唧唧喳喳的，但她很靠谱啊，你们还记得吗？上初中那会儿，她在班上的人际关系超好，因为她说的每一句话，做的每一件事，都不偏不倚，她也从来不骗我们，不搞恶作剧，平时，我们有什么学习上的问题，她也总是细心地为我们解答，我记得到初三的时候，我们不得不住校，她在生活上也很照顾我们。现在想起来，她那时候就已经体现出了领导的风范啊……”这是萧晨的一个同学对她的评价。说完这些，大家也都会心地笑了。

这会儿，萧晨来了，大家都围过去问长问短。她这样陈述自己这些年来的经历：“以前我是做文职的，但后来我转了行。刚转行的时候，我完全是从头开始，并且面临很大的挑战，加上原本就比较内向，不怎么能说会道，不过我坚信，可以从其他方面弥补自己的不足之处。你们知道吗？万事开头难，做销售也是如此，要想说服那些客户，我们首先就要准备一个能打动客户的开场。但据我得知，很多前辈经常花样百出地开场，却并未得到客户的认可，此时，我就想，与其挖空心思，还不如开诚布公地开场。于是，我用心地收集客户和产品的各种信息，整理所有潜在客户的资料认真去打每一个电话。与客户沟通的时候，我也不会拐弯抹角地说话……后来，这些客户都成为了我的好朋友。并且，从前的那些朋友对我 的事业都很支持，他们一听说我做了销售，只要需要产品，都主动给我打电话，接下来这五年，我准备开个自己的公司，我相信，只要用诚心待人，就会有源源不断的朋友。”

这里，我们看到了一个好性格的女孩在人生路上不断收获成功的故事，她的成功来自于她的诚心，年少时的她就已经是个被大家称颂的好女孩，这样的女孩，又何愁交不到真正的朋友呢？

程颐曾说：“学者不可以不诚，不诚无以为善，不诚无以为君子。修学不以诚，则学杂；为事不以诚，则事败；自谋不以诚，则是欺其心而自弃其忠；与人不以诚，则是丧其德而增人之怨。”“诚”不仅是德、善的基础和根本，也是一切事业得以成功的保证。“信”是一个人形象和声誉的标志，也是人所应该具备的最起码的道德品质。我们每个人都要学会用诚心打动人，具体来说，你需要做到：

1. 要学会大度、宽容

无论是同事还是朋友，即使关系再好，也有可能因为一些观点的不同而产生摩擦。要学会彼此尊重和包容。人都是重情谊的，你帮他，他也会帮你，互相帮助中，友谊更加深厚。在深厚友谊的基础上，彼此给对方提一些意见是很容易接受的。如果不是原则上的大错误，就不要斤斤计较。

2. 帮助别人和关心别人

经常帮助别人的人，自己也会得到别人的帮助。比如同事肚子疼了，给她灌一个热水袋，倒点热水；同学哭了，送她一块纸巾，拍拍她的肩膀，不用说话就能把关心传递过去；这都会让你和朋友的感情升温。

3. 控制自己的情绪

任何人都要学会控制自己情绪，情绪失控时会造成很多悲剧。当你被激怒时，或者当你觉得自己血往上涌，只想拍桌了的时候，千万要转移注意力，或者数数，或者离开那个环境。

4. 要反省自己

如果你被你周围的同事或者朋友孤立了，那么，你就必须得检讨自己了，不要一味地抱怨别人。为什么其他人都那么“齐心协力”地孤立你一个人呢？也许是因为你的行为太“自我中心”了、凡事很少为别人着想的缘故。

心理策略

任何一个人，要想让他人接受和喜欢，就要表现出诚心，而且需要坚持下去，凡事多为别人着想一点，自然会改善你与朋友的关系，并结交很多的朋友。

第12章 求缺少心，不去苛求完美的心理策略

我们都知道，事物总是循着自身的规律发展，即便不够理想，它也不会因为人的主观意识而发生改变。不完美的生活才是真实的，也才是美丽的，花开虽艳迟早要败，燕舞虽美却秋来南飞。这正如曾国藩一生叱咤风云，但却如他所说的那样：『平日最好昔人“花未全开月未圆”七字，以为惜福之道、保泰之法莫精于此。』的确，我们不能苛求自己的一切完美，要容许生活存在缺陷，容许自己犯一次错，不要总是为自己无可挽回的过去忏悔，不要为那点缺憾而生气，凡事淡然，那么，快乐、幸福就会常伴我们左右。

“花未全开月未全圆”是一种境界

自古以来，人们都在追求完美的生活，而对于功名利禄更是趋之若鹜，甚至不惜“舍生忘死”，然而，曾国藩却另辟蹊径，独爱“花未全开月未全圆”的境界，他还将自己的住所命名为“求缺斋”。

在给九弟曾国荃信中说：“平日最好昔人‘花未全开月未圆’七字，以为惜福之道、保泰之法莫精于此。”

曾国藩说，人生残缺的话，就让它有残缺吧，这也是一种美，凡事都不可求全、求圆、求满。很多人不明白这一点，一味追求大获全胜，功德圆满；可是一旦大获全胜或者功德圆满，那凶险和灾祸也就随之降临了。

所以，“花未全开月未圆”是一种状态，曾国藩认为，这就是中庸之道，“偏执狂可成就一时，唯中庸可成就一世”。

在生活中，人们常常祝福他人万事如意，然而，这只是人们的美好愿望，人生的道路崎岖不平，又有谁能说自己没有走过弯路，谁的人生绝对没有瑕疵呢！又有谁能说一切尽如人意，人生没有任何遗憾呢！很多人都在抱怨自己做着自己不喜欢的工作，兴趣和工作难以统一；抱怨自己和不喜欢的人在一起生活，婚姻和爱情不能统一；还有人抱怨现在的友情没有真诚和忠诚相连，总是在关键的时候被朋友出卖；更有人抱怨命运对自己不公，自己的能力和潜力都无法得到充分发挥，等等。所有这些抱怨，都说明了人们在极力追求着一种完美的人生。但即便梦想成真了，我们的人生就完美了吗？

从前，有个国王，他有七个女儿，这七位美丽的公主是国王的骄傲。她们那一头乌黑亮丽的长发远近皆知，所以国王送给她们每人100个漂亮的发夹。

有一天早上，大公主醒来，一如往常地用发夹整理她的秀发，却发现少了一个发夹，于是她偷偷地到了二公主的房里，拿走了一个发夹。二公主发现少了一个发夹，便到三公主房里拿走一个发夹；三公主发现少了一个发夹，也偷偷地拿走四公主的一个发夹；四公主如法炮制拿走了五公主的发夹；五公主一样拿走六公主的发夹；六公主只好拿走七公主的发夹。于是，七公主的发夹只剩下九十九个。

隔天，邻国英俊的王子忽然来到皇宫，他对国王说："昨天我养的百灵鸟叼回了一个发夹，我想这一定是属于公主的，而这也真是一种奇妙的缘分，不晓得是哪位公主掉了发夹？"公主们听到这件事，都在心里说："是我掉的，是我掉的。"可是头上明明完整地别着100个发夹，所以都懊恼得很，却说不出。只有七公主走出来说："我掉了一个发夹。"话才说完，一头漂亮的长发因为少了一个发夹，全部披散了下来，王子不由得看呆了。故事的结局，当然是王子与公主从此一起过着幸福快乐的日子了。

为什么我们一有缺憾就想拼命去补足？100个发夹，就像是完美圆满的人生，少了一个发夹，这个圆满就有了缺憾；但正因缺憾，未来就有了无限的转机，无限的可能性，何尝不是一件值得高兴的事嘛！

在我们的生活中也是充满遗憾和不完美的。比如"家"，大家都知道这是一处放纵自我，温馨、甜蜜、幸福、闲适的自由自在的空间，如果因自己的追求完美，而对家人增加了许多的限制，这不准那不行，令家人不开心，也会使自己不愉快；本来大家在外面都受到多方面的限制，自己也会为了保持个人形象尽力做到最好，回到家再受到限制，当然都会不开心的。所以力求完美，也要看时间、地点、场所，过分要求完美反倒不完美了。

再比如，很多男女双方在恋爱之初，都表现得极为完美，都极力把美好的一面表现给对方，而另一方也会因为欣赏而用审美的心态接受了对方伪装的面貌，因达成的美感而步入婚姻。而一旦成为夫妻后，渐渐发现，彼此不再是初识的那个人，于是便开始了失望、抱怨、争吵。其实，我们应该明白，人还是那个人，都是普通的人，并不是童话中完美无缺的王子、公主，只是在婚前你看到的都是完美的一面而已。

生活是烦琐的，适度地放松实在比事事力求完美更重要，否则把自己和周围的人都弄得紧张兮兮的，就太不好了。一味地追求完美岂不是给自己增添许多烦恼？所以，学会和遗憾、不完美为伴吧！

心理策略

许多人，穷其一生，都在寻找完美的人生，怎样的人生才是完美的人生？我们无法得知，但实际上，完美的人生是不存在的，即便有，也不能让一个人全部占有，现实中总有太多的不完美、不如愿、不尽如人意。因此，我们不妨调整心态，正视这些遗憾，和曾国藩一样，遵循中庸之道，这样的人生才是真的圆满。

残缺和遗憾也是一种美

曾国藩说："兄尝观《易》之道，察盈虚消息之理，而知人不可无缺陷也。日中则昃，月盈则亏，天有孤虚，地阙东南，未有常全而不缺者。"这话的含义是，天地都不那么完美，更别说人了。同样，无论是我们自身，还是人生，不可能事事都如意，也不可能事事都完美。追求完美固然是一种积极的人生态度，但如果过分追求完美，而又达不到完美，就必然会产生浮躁。过分追求完美往往不但得不偿失，令自己陷入泥沼。相反，如果我们能换个思维角度，把残缺和遗憾当成一种美，有这样一个故事：

有位渔夫从海里捞到一颗晶莹圆润的大珍珠爱不释手。但是美中不中的是珍珠的上面有个小黑点。渔夫想，如能将黑点去掉，珍珠将变成无价之宝。可是渔夫剥掉一层，黑点仍在；再剥一层，黑点还在；一层层剥到最后黑点没有了，珍珠也不复存在了。

其实，有黑点的珍珠不过是白璧微瑕，正是其浑然天成不着痕迹的可贵之处，如同“清水出芙蓉，天然去雕饰”。美在自然，美在朴实，美得真切。而渔夫想得到美的极致，在他消除了所谓的不足时，美也消失在他追求过于完美的过程中了，美真正的价值往往不在于它的完整，而在于那一点点的残缺——如同丧失双臂的维纳斯，给人无限遐思。

的确，世界上的很多烦恼，正是因为过分追求完美而产生的。值得我们追求的东西很多，如果我们苛求自己或别人把每一件事都做得完美无缺，那么我们将会失去很多东西。这个世上本来就没有完美的东西，如果一味地追求完美，最后得到的反而是不美。

久旱逢甘露，是不是美？是！但是，对于行进在原野上的跋涉者来说，道路从此变得泥泞，就不是美；顿顿有鸡鸭，是不是美，但是，对于营养过剩者来说，也许富贵病已经不远，这也不是美。

万事万物，必然存在两面性，各有所长，也各有所短。圆物不稳，但滚动自如。方物平稳，但移动困难。但生活中的人们似乎就是不明白这个道理，总是希望任何事、任何物都变得完美起来。一旦事物的发展方向背离了自己完美的愿望时，他们就会感叹人生的不易，无病呻吟；一旦按他的想法追求到了，仔细一看，原来并不是想象的那样完美，从此便自谓看破尘世之事。好端端的人生，竟被这样的心境破坏掉了。

恋爱时，众里寻他千百度，挑了又挑，个头儿、长相、学历、家庭、财产、地位……尽善尽美，总希望有个王子或公主在等自己、成为与自己厮守终生的爱人，但时间却在等待中慢慢逝去。最终，选择了一个自认为一般般的人结了婚。于是，完美的恋人的形象打了折扣或彻底破灭，又开始新的一轮完美追求；生了孩子，又希望孩子成为一等一的天才。于是，让孩子从小学钢琴、学绘画、学外语……从小学到大学，你都为孩子做好安排，希望他一步步完成，将来还要出国留学，哪怕自己省吃俭用，也要积攒下为孩子所用的一切钱……你把所有的希望都压在了孩子身上。但你想过没有，万一不是你理想的结局，你能承受得住吗？多少人就是这样不知道迂回，不知道变通，不知道及时而适时地调解自己的心态，心理就这样在一瞬间脆弱地垮掉了。

有一个这样的笑话：一个人来到一家婚姻介绍所，进了大门后，迎面又见两扇小门，一扇写着：美丽的，另一扇写着：不太美丽的。这个人推开“美丽”的门，迎面又是两扇门，一扇写着“年轻”的，另一扇写着“不太年轻””的。他推开“年轻”的门——这样一路走下去，男人先后推开九道门，当他来到最后一道门时，门上写着一行字：您追求得过于完美了，到天上去找吧。

笑话当然是笑话，但是说明一个道理：真正十全十美的人是找不到的。

人生是没有完美可言的，完美只是在理想中存在，生活中处处都有遗憾，这才是真实的人生。

心理策略

在现实生活中，我们对人、对事、对自己都不宜过于苛求。否则，最终会让自己成为孤独的人，生活在孤寂和焦灼之中。生活的目的在于发现美、创造美、享受美，而不善于发掘它的闪光点和长处，就难以找到真正的美。

凡事当留余地，得意不宜再往

我们都知道，曾国藩一生注重修身，为此，他总结了六大做人哲学，其中有一条是：“天地之道，刚柔互用，不可偏废，太柔则靡，太刚则折。因此，处世也须刚柔并用，以圆融为做人的基本原则。圆融是一种智慧，根据客观情况审时度势，凡事留余地，把握尺度，灵活处理，让自己在任何情况下游刃有余。”

这就是曾国藩总结出来的圆融之道，另外，清代朱柏庐劝诫子嗣：“凡事当留余地，得意不宜再往。”意思是，人生路上，遇到得意之事，要控制自己的喜悦之情，不可张扬。其实，无论人生得失成败，都要控制自己的情绪，不必大喜大悲。

实际上，人都是情绪化的动物，一些人一遇到悲伤之事，便委靡不振；在竞争中获胜，便高兴不已，甚至得意忘形。显然，大喜大悲并不是一种好的处事心态。

古时，尤其那些身为性情中人的文人骚客，情绪变化更是为人所不能掌控，王羲之的《兰亭集序》中就有此类心情的记载，此时的“是日也，天朗气清，惠风和畅。仰观宇宙之大，俯察品类之繁，所以游目骋怀，足以极视听之娱，信可乐也”，快乐心情，突然能直转急下，变成 “快然自足，不知老之将至”之时，这是真正的乐极生悲，不得不让人也为之心痛！这不是我们应效仿的处事方式，但因“乐极”而“生悲”的事情生活中每天都在发生着。

麦当娜是流行乐坛几十年的大姐大，可谓久经沙场，但却在她47岁生日那天乐极生悲。

麦当娜的骑术本不赖。因为自从结婚后，他开始迷上了乡村生活中的骑术，并一直都在学习。麦当娜的骑马教练理查德・特纳认为：麦当娜是个非常棒的骑手，身手非常灵活和矫健，因此，在得知麦当娜发生这样的事故后，很是惊讶，原来事情是这样的：

在她47岁生日那天，她的老公盖伊・瑞奇送给她一匹马以作为生日礼物，她高兴极了。于是她立即跃身上马，准备在老公和孩子们面前一展她的骑士风采。而实际上，麦当娜对当天所骑的那匹马的性情一点也不熟悉，骑术本来还可以的麦当娜根本无法驾驭这烈性的畜生，最终从马上摔了下来，造成锁骨和三根肋骨骨折，以及一只手受伤的严重后果，不得不送进医院进行治疗。

麦当娜从马上摔下受伤，就是她乐极生悲的结果，古人言：“乐不可及，乐极生悲；欲不可纵，纵欲成灾。”这是妇孺皆知的道理，麦当娜也明白这个道理，但她却在生日当天头脑发热，化喜为悲。

人生在世，要经历的东西太多太多，成功也好失败也罢，都没有必要过于执着，若是因为成功而得意忘形，使自己陷入不利位置，更是得不偿失。有些人在苦苦打拼的时候，一步一个脚印，踏踏实实地向前走，虽然艰苦却很少出大的纰漏。而另外一些人成功之后，却整日沉醉在无尽的喜悦中，忘记了继续努力，忘记了敌人的虎视眈眈，最终只能自取灭亡，这样的人成功的快失败的更快。

当然，要做到“得意不宜再往”，还需要我们做到：

1. 要有自知之“明”

人们常说人贵有自知之明，这个“明”，既表现为如实看到自己长处，也表现为如实分析自己的短处。如果只看到自己的短处，好像是谦虚，实际是自卑心理在作怪。而如果只看得到自己的长处，那么，就是自大。“尺有所短，寸有所长。”每个人都有自己的优势和长处。如果我们能客观地估价自己，在找出自己的长处和优势的同时，也能看到自己缺点和短处，那么，便能很好地弥补自己的不足。

2. 兼听则明

那些谦卑、成功的人一般都善于倾听各方面的意见，进行周密地思考，并归纳出一套完全属于自己的见解。在思考问题的过程中，会考虑到“得失利弊”，会考考虑到“差之毫厘、失之千里”“真理若往前再跨越一步就是谬误”……等这些细微的甚或为一般人考虑不到的问题。善于倾听各方面的意见和建议，敢于坚持真理。

心理策略

生活中，无论遇到什么事，心态一定要调整好，应随时随地、恰如其分地选择适合自己的位置，既不以福喜，也不以祸忧，才能在事情的起承转合上控制好自己的情绪！

成败听之于天，毁誉听之于人

曾国藩曾说过：“成败听之于天，毁誉听之于人。”这句话的含义是，无论做什么事，过程中难免会遇到挫折与阻碍，但最终结果如何完全看自己。事实上，曾国藩自身并没有出众的才华，他是以拙诚而成功的，在当时的著名人物中，他被认为是最迟钝愚拙的一位。即便不比别人聪明，他还是做到了古人所说的立德、立功、立言的三不朽的境界，这是什么原因呢？因他一生在于立志自拔于流俗，而困而知，而勉而行，历尽百千险阻而不屈服。

人生旅途漫漫，难免会遇到很多困难，但幸福与否，绝对取决于自己的心态，如果你懂得接纳，那么，就会发现，活着就是一种幸福；而如果你苛求完美，那么，即使家财万贯也无法填满你的内心。

美国人克里斯托弗·里夫在电影《超人》中因扮演超人而一举成名。但谁能料到，一场大祸会从天而降呢？

1995年5月27日，里夫在弗吉尼亚一个马术比赛中发生了意外事故，以致头部着地，第一及第二颈椎全部折断。5天后，当里夫醒来时，医生说不能够确保里夫能活着离开手术室。

那段日子里夫万念俱灰，许多次他甚至想轻生。出院后，为了平缓他肉体和精神上的伤痛，家人便推着轮椅上的他外出旅行。有一次，小车正穿行在落基山脉蜿蜒曲折的盘山公路上。里夫静静地望着窗外，发现每当车子行驶到无路的关头，路边都会出现一块交通指示牌“前方转弯！”或“注意！急转弯”的警示文字赫然在目。而拐过每一道弯之后，前方照例又是一片柳暗花明、豁然开朗。山路弯弯、峰回路转，“前方转弯”几个大字一次次地冲击着他的眼球，也渐渐叩醒了他的心扉；原来，不是路已到了尽头，而是该转弯了。他恍然大悟，冲着妻子大喊一声：“我要回去，我还有路要走。”

从此，他以轮椅代步，当起了导演。他首席执导的影片就荣获了金球奖；他还用牙咬着笔，开始了艰难的写作，他的第一部书《依然是我》一问世就进入了畅销书排行榜。同时，他创立了一所瘫痪病人教育资源中心，并当选为全身瘫痪协会理事长。他还四处奔走，举办演唱会，为残障人的福利事业筹募善款，成为一个著名的社会活动家。

最近，美国《时代周刊》报道了里夫的事迹。在这篇文章中，他回顾自己的心路历程时说："以前，我一直以为自己只能做一位演员；没想到今生我还能做导演、当作家，并成了一名慈善大使。原来，不幸降临的时候，并不是路已到了尽头；而是在提醒你：你该转弯了。"

一次偶然的事件，让原本几乎绝望的克里斯托弗·里夫重新选择了一条人生的路。在这条路上，他同样取得了成功甚至是辉煌。在面对身体上的巨大折磨时，可能很多人都会有轻生的念头，但是，如果选择了绝望，向所谓的命运妥协了，那么，你就真的彻底失败了；而如果你能接受残缺，继而选择坚强，放手一搏，即使微乎其微的机会，也有可能赢得成功。

的确，允许自己不完美乃至残缺，是一种坚强的表现，只有先接纳自己，才能接纳全世界。那么，你该怎样才能做到接纳整个世界呢？这包括以下三个方面：

1. 接纳自己的现状

你不需要怀疑自己，即使遇到了困难和问题，也不要否定自己，此处此刻的你是完美的，让这样的认知进入心中。若真能如此，那么，你所有的对自己的批判将会自动消除。

2. 接纳别人的现状

你不要怀疑别人，因为你目前的困难和他人没有关系。所以，你不必委曲求全得到他人的肯定。你和他人都是独立存在的，当你接纳了别人，你的心灵就开放了；当你接纳了别人，你对自己也会更加慈悲。

3. 认可自己的生活现状

你并不需要改变你的现状，也不需要诠释你的生活，否则你会发现有所缺失，但其实你没有失落任何东西。所以不论是正面或反面的诠释，都是你这一生必须突破的幻境。

接纳就是这么简单，但同时也是最难的一门学问。有了接纳，小我才会让路。凡是你无法接纳的，必会抗拒到底，这种对立便成了你的束缚。凡是被你接纳的，就会轻轻地进入你的心房。没有任何东西强迫得了你，也没有任何东西牵绊得住你。这就是你接纳之后的心境。

心理策略

追求完美的人生是一种美好愿望，而接纳不完美的人生更是一种崇高的境界。在生活中，我们不仅要从容对待打击和失意，还要学会接纳残缺，唯有从心底接纳一切，把这一切看成是人生的一个阶段而不是全部，我们才有可能创造更美好的未来。

为人率真，坦坦荡荡

我们可能经常被长辈告知，做人要低调，要追求完美和成熟，诚然，这是我们应该遵循的处事原则，但这并不意味着我们要压抑自己的喜怒哀乐，哈佛大学一位教授曾说过：“我每次都很紧张，因为我害怕被发现一些内心的感受，但却被自己搞得很累，学生们也很累，我极力想表现自己完美的一面，争取做个“完人”，但每次都适得其反。其实，打开自己，袒露真实的人性，会唤起学生真实的人性。在学生面前做一个自然的人，反而会更受尊重。”的确，人无完人，追求完美固然是一种积极的人生态度，但如果过分追求完美，而又达不到完美，就必然会产生浮躁。

对此，曾国藩引古人之言说：“非分之福，无故之获，非造物之钓饵，即人世之机阱”。为公事，为国家，得失必争；为个人，为名利，得失当淡。实际上，曾国藩也是个率真的人。他一身追求“治生不求富，读书不求官。修德不求报，为文不求传。”这样，无论面对什么状况，他都能坦然处之。

除了曾国藩，日本京瓷公司的创始人稻盛和夫也是个坦率的人，当他还是个研究人员时，每次做完一个实验并得出惊人的结果时，他都高兴得雀跃起来，甚至手舞足蹈。他的助手对他的这一行为很是不解，因此，只是冷眼看着他。

一次，稻盛和夫又高兴地跳起来，他看到冷静的助手，便对助手说：“你也高兴高兴呀！”助手露出一副无所谓的表情瞟了他一眼，吐出一句话：“你是多么轻率的人。”“你总是为一点小小的成功就高兴得不得了。一个男人高兴得跳起来的事情，一生中可能有一两次就不错了。像你这样动不动就高兴，只会让人觉得轻率。”

听到这话的瞬间，稻盛和夫感觉浑身上下被泼了一瓢冷水。但是，他很快恢复常态，对助手说：“你说得很对，但是，我认为取得成果时，哪怕成果再小，还是单纯、率真地高兴为好。即使多少有些轻率，但是发自肺腑的高兴、感恩之心，是继续从事踏实的研究和勤恳工作的动力。”

这就是稻盛和夫的人生指针和哲学。保持率真的心态，即使是小小的喜悦之情，也应表达出来。这才是真实的你，真实的人生。

一天，因为单位某同事喜得贵子，小王和单位其他同事一起前去道贺。来到同事的家，小王环顾了一下，发现同事的家布置得温暖、熟识，尤其是悬挂着的那些花花草草，更是为整个家增添了几分情致。

正当小王观赏之时，同事说：“这几盆花草有真有假，你们看出来了吗？”

“我怎么没有看出来呢？”另外一个同事反问道。

“谁能不用手去摸，不靠近用鼻子闻，在五米以外准确地指出真假，我就送给谁一盆郁金香。”主人有些得意地说。

听到主人的话，大家都兴致勃勃地仔细观察起来。只见眼前的几个盆栽，都长得极为茂盛，看起来个个碧绿如玉，青翠欲滴。乍看之下，真是分不出真假，可是用心观察，你还是能发现其中的不同。小王偶然发现有三盆花依稀能够找到枯萎的残叶，有的叶片上还有淡淡的焦黄，显示出新陈代谢和风雨侵袭的痕迹。可是另外两盆，绿得鲜艳，红得灿烂，没有一片多余的赘叶，没有一丝杂草，更没有一根枯藤。一切都是精心设计精心制造的结果，它们显得完美无缺。看着它们，似乎这完美的东西远不如那些夹杂着残枝败叶的新绿更令人愉快。

的确，人生原本就是极为真实、简单的，且存有不可避免的缺陷，有些人对完美生活的幻想超出了生活本身，刻意装点的生活，就如那盆假花一样，虽然看起来很精致，但总会缺乏生气，缺少生命经历过的真实。如果时时都是如此的心境，事事都是如此的状态，生活的一切虽看似华丽或精细，但它始终缺少灵魂的寄托。

所以，不完美的人生才是真实的，率真的人才具有真性情。

从心理学上讲，虽然任何人都喜欢听好话，但没人愿意听假话。事实证明，现实生活中，人们更愿意与那些做人做事光明磊落、真性情的人交往。而对于那些苛求完美、从不显露自己脾气、秉性的人，人们则敬而远之。因为，“金无足赤，人无完人”，那些“趋于完美”“毫无瑕疵”的人虽然在为人处世上没有过错，但未免显得不够真诚；他们虽然优秀，但不可爱。为此，与人打交道时，我们一定要做到真情流露、说真话、做真事，有情绪也不要刻意压抑。

心理策略

每个人在生活中都有自己的位置，每个人都扮演着不同的角色，在自己的世界里，我们是主角，在别人的世界里也许只是龙套。当喜则喜，活出真正的自己，坦然面对生活给予的一切，不要让苛求完美的心，使生活失去原本的真实。

注重细节，但也不可过分苛求

我们都知道，曾国藩是一个有思想、有理念、有追求的人，而理想、理念通常是完美的，但曾国藩从来不以完美来要求自己和他人，事实上，他是以“求缺”来面对人生的。曾国藩把书房起名“求缺斋”，其身为宰相生活却粗衣淡饭如平民。这就是一种“求缺”的方式。

在生活中，我们做任何事都不必苛求完美。然而，我们发现，有这样一些人，他们工作认真、能力突出、勤勤恳恳，一些甚至能力不如他们的人都已经成绩十分显著了，但他们却总是效率低下，究其原因是什么呢？在排除其他因素的情况下，他们很可能是陷入了完美主义的泥沼。

不知你是否有这样的感受：当你着手准备做某件事前，总感觉计划不周密，于是，为了完善你的计划，你迟迟未动手；在接收了上司的某件任务时，你发现上司的方案有不如意的地方，为此，你花费了大量的时间去求证，最终也延误了上交任务的时间；购物的时候，你是否对那些打折或促销的产品不屑一顾，认为它们必定有瑕疵？对于工作中那些看起来十分随便的人，你会嗤之以鼻，认为这是不负责任的表现……

如果你也有这样的表现，那么，很有可能你也是一位完美主义者。对于完美主义者而言，它们着眼于细枝末节的事，认为要做好一件事，必须考虑到每一个因素，然而，这个世界上本就不存在绝对的完美。

举个简单的例子，领导交代我们某个任务，他们要看到的只是工作成果而已，并不是完美无瑕的艺术品，如果我们一味地考虑其中可能出现的漏洞而不去实现的话，那么，在领导眼里是看不到你的努力的。并且，绝对完美的事是不存在的。任何一个高效率的工作者，也会秉持“八分原则”，也就是允许二分的瑕疵存在。

可见，凡事都有度，追求完美到了一定的地步就变成了吹毛求疵。如果不达到想象中的彻底完美誓不罢休，那就是和自己在较劲了，长此以往，不但会耽误时间，还会让我们的心里有解不开的疙瘩，自己也会渐渐承受不了这种越来越沉重的负担。

有一个富翁因为实在太富有了，所以凡事要求最好的。

有一天他喉咙发炎，这不过是一个小毛病，任何一位大夫都可以看得好，但是由于他求好心切，就一定要找一个最好的医生来为他诊治。

他花费了无数的金钱，走遍了各地寻找医病高手，每个地方都告诉他当地有名医，但是他认为别的地方一定还有更好的医生，所以他又继续再找。

直到有一天他路过一个偏僻的小村庄，扁桃腺早已恶化成脓，变得非常的严重，必须马上开刀，否则性命难保。但是当地却没有一个医生，这个富有的人，居然因为一个小小的扁桃腺发炎而一命呜呼！

其实，我们在工作中何尝不是如此呢？无关紧要的瑕疵并不会影响我们的表现，也不会给别人留下不好的印象，那又何必如此固执呢？

那些做事追求完美的人之所以会过分认真，是因为他们很在乎周围人的看法，害怕一些负面的评价，其实，你要知道，我们不会因为一个错误而成为不合格的人。生命是一场球赛，最好的球队也有丢分的记录，最差的球队也有辉煌的一刻。我们的目标是——尽可能让自己得到的多于失去的。那么，过分追求完美的人该如何去调整自己呢？

1. 自己的事情自己做，养成细心的习惯

比如，如果你是一名上班族，那么，出门前你就该整理好当天要用的文件，如果你忘记了，那么，一定会吸取教训，时间一长，必然会变得细心了。

2. 从生活中开始培养自己严谨的做事习惯

不难发现，如果一个人连自己的房间都一团糟，那么，他必定也是个做事丢三落四、凭兴致所至，观察没有顺序、思考缺乏条理的人。因此，你需要从生活中的小事做起，不断培养自己良好的生活习惯，就能减少自己的马虎粗心。常用方法是：自己整理衣橱、抽屉和房间，培养仔细、有条理的习惯；自己安排课余时间和复习进度表，培养有计划、有顺序的习惯。天长日久，你就会变得思维严谨起来，做事有规划，自然也就不会把过多时间耗费在细节上了。

每个人都深知细节的重要性，细节虽然小，但若是不注意，就会酿成大错。因此，注重细节是做好一件事的前提。然而，不得不承认，做任何一件事，都不可能面面俱到，如果你太过追求完美，那么，你一定会精疲力竭。世上的一切都不是静止不变的，生活也在改变，就算你在这方面把事情做得很好，但没有多久事情有变化的趋势，再从另一个角度去看，或许就不是那么完美了。

心理策略

“计划赶不上变化”。无论你想把事情做得多么完美，那都是不可能的。你只有注重事情的细节，认真地尽心地把事情做得更好，而不应该苛求完美。

第13章 识人交友，与人结交周旋的心理策略

曾国藩曾说，择友为人生第一要义，的确，人生在世，无论谁都希望得到他人的肯定和认可，都希望交到一个金石之交。然而，『以情会友，别无所求』是中国传统观念的诉求，好朋友是交出来的。可是，在现实生活中，却不时听到有人抱怨：『大家怎么都不理我！』归结起来，这是因为我们不懂交友策略，不善于经营自己的友情。与朋友交往，真心诗人固然是必备要素，但我们还要用点心理策略，用『心』行事才是让友谊之树长青的长久之计。

为自己培养一个金石之交

人们常说“朋友多了路好走”，我们也都渴望人生路上有朋友相伴，而人们结识新朋友的方式是多种多样的，有时候，三言两语、推杯换盏之间，你会发现，某人与你志趣相投，有着共同的人生目标等，于是，多次的你来我往后，便结识为朋友。

然而，什么样的人可交呢？对此，曾国藩称，交友不外三个方面：一是贤，一是善，一是好学。

我们都知道，曾国藩平生之所以功成名就，一生辉煌，其中重要的原因是他善于招贤纳士，有一大批贤德人士护其左右，但即便如此，曾国藩也有自己的交友原则，他一生以交金石之交为最终目标，并且，他深知“近朱者赤，近墨者黑”的道理，他认为交友不可不慎。

在曾国藩看来慎交友的原因是“相友可知人”“习俗染人”，他曾这样说“看到你的朋友，就可知道你的为人，朋友的好坏，是可以互相影响的。”

孔子说：“益者三友，损者三友。友直，友谅，友多闻，益矣。友便辟，友善柔，友便佞，损矣。”意思是有益的朋友有三种，有害的朋友也有三种。与正直坦荡的人交友，与宽容诚信的人交友，与博学多才的人交友，是有益的。与歪门邪道的人交友，与善于阿谀奉承的人交友，与习惯花言巧语的人交友，是有害的。什么是好朋友，什么是坏朋友，孔子提出的标准泾渭分明，值得我们认真思考。

在我们的人生路途中，很多人都是匆匆过客，而我们的知心友人，却总是伴我们左右，对我们不离不弃。

的确，“真朋友”是为义而来，“假朋友”是为利而来。那么，你不妨想想，本来素昧平生，本来两不相干，人家为什么要请你吃饭、给你送礼？

然而，好人和坏人都不会写在脸上，怎样才能交到好朋友而远离坏朋友呢？按孔子理论，一要有仁爱之心，愿意与人亲近，有结交朋友的意愿；二要有辨别能力，要有保障交友质量的底线。你可能有各种各样的朋友，或吃喝玩乐的酒肉朋友，或情趣相投的文墨笔友，或在事业上相扶相帮同甘共苦的朋友，但让你一时舒畅、愉悦、满足的，可能恰恰是损者三友。当你失去了被他利用的价值后，它就会变出另外一副狰狞面孔。这样的教训太多了。

所以，要交到真正的贤友、诤友，绝不能仅凭一时的情义，而要理智把握自己，运用前面讲过的曾国藩的观人术，便能帮助我们辨别人的好坏，认识人的本质，以至取舍是否继续与这个人来往或深交。当然，要交好朋友，自己必须心存敦厚诚信，做一个堂堂正正的人，不给坏朋友盯上你的机会。

心理策略

黄金万两易得，人生知己难求。在复杂的社会中，我们若想交到真正意义上的朋友，绝非易事，因此，不可凭一时意气。要交金石之交，而倘若你交友不慎，那么，很可能会为你带来很多麻烦，甚至祸害无穷。

己所不欲，勿施于人

曾国藩一生深谙“残”“悔”“拙”字真意，前两者用以修正自己身心，后者成为他求才、交友的标准。看似糊涂，实则最为聪明过人，并因此得到了生时势、后世名，后人不可不以此为鉴。

曾国藩告诉我们，做人和交友能够胸襟坦荡，虚怀若谷，就可以使人与人之间以诚相待，互相信赖，博取人们的支持和真诚相助，事业就有成功的希望。

在人的一生中，最为可贵的品质就是宽容，它是一种无坚不摧的力量。有诗云："腹中天地宽，常有渡人船。"宽容，对人对己都可成为一种毋须投资便能获得的"精神补品"。学会宽容不仅有益于身心健康，且对赢得友谊，保持家庭和睦、婚姻美满，乃至事业的成功都是必要的。我们在日常的交友应酬中，用一颗宽容的心去接纳别人，友谊之树必会长青，互相宽容的朋友一定百年同舟，风雨共济，互助一生。

三国时期的蜀国，在诸葛亮去世后任用蒋琬主持朝政。他的属下有个叫杨戏的，性格孤僻，讷于言语。蒋琬与他说话，他也是只应不答。有人看不惯，在蒋琬面前嘀咕说："杨戏对您如此怠慢，太不像话了！"蒋琬坦然一笑，说："人嘛，都有各自的脾气秉性。让杨戏当面说赞扬我的话，那可不是他的本性；让他当着众人的面说我的不是，他会觉得我下不来台。所以，他只好不做声了。其实，这正是他为人的可贵之处。"后来，有人赞蒋琬"宰相肚里能撑船"。

的确，在我们与朋友交往的过程中，难免会遇上令人难以忍受的事情，也难免会产生一些摩擦，如果我们凡事好争斗，非得争个是非对错，甚至得理不饶人，那么，长此以往，你的朋友必将远离你。很多朋友之间的友情就是由于无法彼此互相谅解和宽容而土崩瓦解的，让人为之扼腕！而当我们以宽容的心来对待朋友时，我们的朋友就会被我们高贵的品质、崇高的境界以及人格力量所折服，彼此之间的友谊就会更加牢固、长久。

学会了宽容，我们也便学会了做人。从古至今，宽容都被作为高尚人格的标准之一，《周易》中提出"君子以厚德载物"，荀子主张"君子贤而能容罢，知而能容愚，博而能容浅，粹而能容杂"。学会了宽容，同样也是学会了处世。佛家有云："精明者，不使人无所容。"世间的人并无绝对的好坏。宽容才是真正的交友之道，宽容待人，才会友谊长久！

对此，需要记住以下几条原则：

1. 说话要适时、适量、适度

人与人相处，需要相互平等尊重。在说话时要注意顾全他人的面子，关注照顾对方感受，考虑方式方法，做到将心比心，而千万不要只图自己一时的痛快。

2. 原谅朋友的过错

我们的朋友也许会因为情绪问题而做出一些不太清醒的事，也许会因为心情郁闷说出一些偏激的话，做一些错事，这都很正常，事情过后他们也会为自己的言行后悔不已，这时我们要学会理解和宽容朋友，因为理解别人就是理解自己，你对朋友的宽容极可能换来朋友对你更大的宽容。我们常说“得饶人处且饶人”，对朋友的宽容就是对自己甚至是你们友谊的一种更高层次的升华，而相反，如果你与朋友斗气，对朋友苛刻就是给你们的友谊拴上了一道沉重的枷锁，不仅是给自己的心灵施压，也会赶走你身边的朋友。

3. 有错就要主动道歉

学会主动道歉，是一种人生态度，更是一种以退为进的处事态度，若一个人处处不肯吃亏，则处处必想占便宜，于是，妄想日生，骄心日盛。而一个人一旦有了骄狂的态势，难免会侵害别人的利益，于是便起纷争，在四面楚歌之中，又焉有不败之理?

总之，与朋友交往，就需要换位思考，进行角色的转换。朋友间的交往若产生了摩擦，只要站在对方的立场上思考一下问题，怒火和怨气也就在你的心中慢慢融解了。

心理策略

“己所不欲，勿施于人”，也就是推己及人，设身处地为别人着想，从别人的角度去想问题。从这个角度出发，我们就知道该如何做人、做事了。

集思广益，集智助业

任何人都不可能单打独斗取得成功，这是一个合作型社会，而合作并不是指

“人多力量大”，而是需要每个成员不遗余力地付出。无论你是团队的管理者还是其中一员，都要将个人力量发挥到最大，集结每个人的智慧。具有团队精神的集体，可以达到个人无法独立完成的成就。

“人心齐，泰山移。”可以说，曾国藩之所以带领湘军平定太平天国运功，造就晚清“中兴”的局面，就是集智助业的结果，在他的幕府中，各种类型的人才都不缺乏，比如，战功卓著的胡林翼、左宗棠、李鸿章等，一大批湘军将领能团结在曾国藩的周围，这与曾国藩的“廉以服众”的修养是分不开的。

的确，团结就有力量，合作产生效益，更重要的是，优势互补、与人合作能提高做事效率，节省时间，壮大自身力量，在时间就是金钱和生命的现代社会，真正聪明的人都懂得与人合作的好处。

每到秋天，细心的你可能会看到这样一幅绮丽、壮观的画面：一群大雁结队往南飞，它们一会儿排成“人”字，一会排成“一”字，这阵容着实可与空军演习相媲美。于是，人们常常会感到疑惑：为什么大雁南飞会有如此阵容呢？于是，学者们从社会学的角度对大雁展开了研究，研究结果发现，大雁群体具有很强的团队意识：

大雁的精神就是团队的精神：相同的目标，明确的分工，协调的合作，有序的竞争，恰当的组合，宽阔的胸怀，无私的奉献。人们常问：“一滴水怎样才能不干涸？”答案是“把它放到大海里去”。一个人再完美，也就是一滴水，一个团队，一个优秀的、完美的团队才是大海。

团队的核心就是共同奉献。任何一项团队工作的成功与否，都需要每个成员的共同努力。这就好比一台机器，它的运行不能缺少任何一个零件。这种共同奉献需要每一个成员把这项工作当做切实可行而又具有挑战意义的目标。

北京奥运会吉祥物向全世界征集作品从2004年8月5日开始，2004年12月15日，由 24名在艺术、文化领域具有杰出成就的专家学者，对662件有效参赛作品进行了评选。17日，由10名中外专家组成的推荐评选委员会，对进入推荐评选阶段的56件作品进行了审阅和评议。大熊猫、老虎、龙、孙悟空、拨浪鼓以及阿福6件作品被定为吉祥物的修改方向。在集思广益的基础上，由推荐评选委员会推荐成立的修改创作小组组长、著名艺术家韩美林执笔，最终完成了吉祥物方案的设计。

期间，韩美林根据各方提出的修改意见，对“中国娃”方案进行了进一步的修改完善，提出了以北京传统风筝“京燕”造型代替“龙”造型的修改方案。在表现手法上，重新勾画了五个福娃的形象，突出了吉祥物生动活泼的性格特质，在整体形象的艺术表现方面有了重大的突破。至此，北京奥运会吉祥物形象定位基本完成。

北京2008年奥运会吉祥物的征选就是采用了集思广益的方法。的确，即使你是一个才华横溢的人，也有思维的局限和不足点，只有善于采用借助别人的智慧，才能有效地弥补这一缺陷和不足。如果能取人之长、补己之短，而且能互惠互利，那么合作的双方才能从中受益。

和曾国藩一样，真正有智慧的人，往往都是通过别人的智慧实现自己的愿望，虽然不可能每个人都达到这一点，但每个人都可以通过与他人合作，携手做出更大的事业。

那么，我们该如何做到让其他成员不遗余力为团队效力呢？

1. 多赞美别人

在生活中，人人都喜欢给自己积极评价的人，也愿意同那些对自己的品性和才华及在工作中的表现给予好评的人合作。如果你经常赞美别人的德识才学、工作实绩，你就会得到许多合作者，别人会以知遇之恩相报。

2. 以帮忙者角色出现

因为帮忙的角色不仅显示出了你对对方的真诚关心与慷慨相助，而且维护了对方的主导地位。对方会因此真诚地欢迎你来合作，因为你的真诚换取了对方的真诚。

3. 请求对方帮忙

先请求对方帮自己一次小忙，然后表示感谢，渐渐地，对方就会心甘情愿地帮你的大忙。因为你这样做，不仅维护了他的自我形象，而且使他享受到了自己有益于人的美妙心理体验。

4. 激起对方的歉疚之情

在与人合作的过程中，要大度，不要斤斤计较。即使对方有对不起你的言行，也要一切如常。以此激起对方歉疚感，从而尽力地与你合作。

心理策略

在社会中生存就会有竞争，但是我们也该学会与人合作，人们只要 抱着“我好，你好”的双赢态度，按照这个原则去处理人际关系，将会获得最理想的结果。

择其善者而从之

《论语》里有这样一句话：“三人行，必有我师，择其善者而从之，其不善者而改之。”这是一种为人的态度和精神，也体现了与人相处的一个重要原则。

曾国藩也以“择友，如同求师”的原则为人处世，他告诫自己的幕僚，要随时注意学习他人的长处，随时以他人缺点引以为戒，自然就会多看到他人的长处，与人为善，待人宽而责己严。这不仅是修养，更是提高自己的最好途径，也是促进人际关系和谐的重要条件。

曾国藩择友，注重的是对自己有所裨益，结交的大都是高朋之人、博雅之士。他反复嘱咐兄弟：“但取明师之益，无受损友之损。”

曾国藩拜师交友自有他的原则和标准，他说：“若果威仪可测，淳实宏通，师之可也；若仅博雅能文，友之可也。”就是说一个人若举止威仪，诚实通达，可以尊之为师；一个人若博学典雅，擅长诗文，可以待之为友。

古人云：“故近朱者赤，近墨者黑；声和则响清，形正则影直。”这话不无

道理，我们应该多和比自己优秀的人交往，这样才会让自己也变得优秀。人生在世最重要的莫过于交到对自己有益的朋友，给自己的人生加分。

人生在世，总是受到别人有益和无益的影响，有益的影响会使我们成长，在精神上激励我们，常使我们的各种机能更加锐利。同样的道理，假使我们吸取到的是不利于我们成功成才的影响，我们会变得愚钝、麻目甚至走上错误的人生路。

俗话说：“学好千日不足，学坏一日有余。”别人的好自己没有，自己就可以从别人身上吸取经验学习方法。别人的好是等于为自己指引了一条通往“好”的道路。别人能做到的，只要自己照着做也能行。如果你以正确的心态，把别人当成自己学习进步的榜样和指路人，就会以一颗感恩的心去对待别人。既让自己认识到不足，还能学习别人的长处，充实自己。

孟母三迁的故事也说明了环境对人的影响，我们在交友的时候，一定要学会取长补短，分清糟粕，只有“见不贤内自省”才能进步。

孟子，名柯。战国时期鲁国人。3岁时父亲去世，由母亲一手抚养长大。孟子小时候很贪玩，模仿性很强。他家原来住在坟地附近，他常常玩筑坟墓或学别人哭拜的游戏。母亲认为这样不好，就把家搬到集市附近，孟子又模仿别人做生意和杀猪的游戏。孟母认为这个环境也不好，就把家搬到学堂旁边。孟子就跟着学生学习礼节和知识。孟母认为这才是孩子应该学习的，心里很高兴，就不再搬家了。这就是历史上著名的“孟母三迁”的故事。

对于孟子的教育，孟母更是重视。除了送他上学外，还督促他学习。有一天，孟子从老师子思那里逃学回家，孟母正在织布，看见孟子逃学，非常生气，拿起一把剪刀，就把织布机上的布匹割断了。孟子看了很惶恐，跪在地上请问原因。孟母责备他说：“你读书就像我织布一样。织布要一线一线地连成一寸，再连成一尺，再连成一丈、一匹，织完后才是有用的东西。学问也必须靠日积月累，不分昼夜勤求而来。你如果偷懒，不好好读书，半途而废，就像这被割断的布匹一样变成了没有用的东西。”

孟子听了母亲的教诲，深感惭愧。从此以后专心读书，发愤用功，身体力行，实践圣人的教诲，终于成为一代大儒，被后人称为“亚圣”。

孟子的母亲因为怕孟子受到坏邻居的影响，连搬了三次家，这充分说明了“榜样”的作用。一个人从优秀者那里所摄取的能量越大，品质越好，种类越多，那他个人的力量就越大。假如他在社交上、精神上和道德上与他的同辈有多方面的接触，那他一定是个有力量的人。反之，那他一定会成为一个孤独的弱者。

因此，与人交往过程中，错过与比自己优秀的人结交的机会，实在是很大的不幸，因为我们常能从这种人身上得到许多益处。只有在这种“交往”中，生命中那些粗糙的部分才会被削平，才可将我们琢磨成器。

心理策略

社会是人生的大课堂，人际交往和应酬无法避免，而我们要择友而交，见贤思齐，见不贤内省，才能避免很多行为上的过失，不断地完善自己！

用好所谓的人情债

曾国藩曾说“结友为一生之要义”，的确，如果人的一生结交了好的朋友，就可以患难与共，相互砥砺，不仅可以成为情感的慰藉，也可以成为事业成功的基石。曾国藩在写给他的儿子的信中说：选择朋友是人生的第一要事，必须选择志趣远大的人。

“积土成山，风雨兴焉；积水成渊，蛟龙生焉。”人际关系的好坏很多时候就在于我们是否愿意为朋友付出，我们要懂得人情先行的道理。

心理学认为：“感情是人与人之间交往的基础，而人情是拉近感情的有力元素。当一个人有恩于他人时，他人会想方设法地回报这份人情债，这种感情能够影响他人做原本不想做或者不喜欢做的事。”这就是人情的力量，人与人之间的

“人情”就是这种微妙且有规律的事情，当有人觉得亏欠你“人情”时，常会想方设法地还给你。此时，如果你有求于对方，那么对方会很乐于接受你的请求。我们在日常的交友应酬中，要学会未雨绸缪，施恩于别人，他日当我们有需求时，我们的朋友也会为我们伸出援助之手。

在人际关系中，人情的力量是毋庸置疑的，人情是占据他人心理的秘密武器；在社交场合中，人情是与人相知、相识的信誉卡；在职场上，人情是你晋升的桥梁；在商场上，人情是你驾驭他人的法宝。这就是人情带来的影响力。从古至今，“人情先行”的原则，都被世人运用。三国时关羽在华容道放走曹操的故事是这一原则的重要体现。关羽这个一直忠于蜀国、对刘备义气当前的果敢英雄，为何会在如此重要的战场上，放走日后有可能灭蜀，杀自己的曹操呢?

建安五年正月，曹操亲自征讨刘备，在其攻陷下邳，迫降关羽后，鉴于关羽智勇双全，试图劝其归降于自己。于是，曹操拜其为偏将军，封汉寿亭侯，对关羽的照顾无微不至。后来关羽斩杀颜良后逃离了曹操，曹操手下的将士闻后，要去追赶，曹操劝阻说：“彼各为其主，勿追也。”曹操在其有权有势的时候，曾施恩于关羽，因此当其在华容道落难后，曾对关羽说：“素闻，关将军是有情有义之人，昔日我曾对你有恩，你怎可砍杀有恩之人？”关羽虽然犹豫不决，但最后还是念在“人情”的分上，放走了曹操。

正因为曹操先前对自己的“至仁至义”，所以一向视义气为生命的关羽在关键时刻放走曹操也是在情理之中了。曹操和关羽之间的交情，就是因为“人情”，施恩术是人情关系学中最基本的策略和手段，是开发利用人际关系资源最为稳妥的手段和方法，人在“旅”途，情义无价，人人都需要别人的帮助。你对别人很随意的一次帮助，可能就会使他领悟到善良的难得和真情的可贵，交友也贵在交心，俗话说“在家靠父母，出门靠朋友”，多一个朋友多一条路，人情就是财富。人际关系最基本的一个目的就是结人情，有人缘，因为至真至诚的朋友会互助一生。

为此，我们需要做到。

1. 给予精神慰藉

一个身陷困境的人，往往更需要别人的关心，所以，一碗热面、一杯热茶，甚至是一次交心的促膝之谈，都能帮助他就重新树立人生的正确方向，积极努力，实现自己的理想。而当我们需要帮助时，他也会伸出援助之手，帮助我们渡过难关。

2. 给予具体的帮助

对身处困境的人仅仅有同情之心是不够的，应给予其具体的帮助，使其渡过难关，这种雪中送炭、分忧解难的行为最易引起对方的感激之情，进而形成友情。别人有难处才需要帮忙，这是最起码的常识。所以要拥有好人缘，便应把握时机。而 当我们在急需的时候遇到别人的帮助，也会内心感激不尽，甚至终生不忘。

3. 帮助他人也要有良好的态度

会有些这样的人，帮了别人的忙，就觉得有恩于人，于是心怀优越感，高高在上，不可一世。这种态度是很危险的，常常会引发反面的后果，也就是：帮了别人的忙，却没有增加自己人情账户的收入，正是因为这种骄傲的态度，把这笔账抵消了。

“未雨绸缪”，是说人要在下雨之前就做好防雨的准备。这个道理更适合于我们与朋友的交际应酬，好的人际关系是交人成功的基础，但好关系的建立不是一朝一夕就能做到的，必须从一点一滴入手，依靠平日情感的积累。只有通过不断地构建和巩固，人际关系才能牢固。情感投资，聚沙成塔，有了“铁”关系垫底，何愁求助无门？

心理策略

人情可以使人在负债心理的影响下，激发出感情，而感情则是人们愿意为某个人或事物无偿付出的基础。所以，如果想让我们的朋友为自己服务，就要学会利用“人情”有效地影响对方。

第14章 吾日三省，知不足求进步的心理策略

我们都知道，尘世生活纷纷扰扰，长期行走于世，心灵难免会染上尘埃，为此，曾国藩坚持修身，正因为如此，他认识到了自身的很多问题。为此，他忠告我们，一定要懂得自我反省，要善于时时给自己找一面反思的“镜子”，要坚持『每日三省吾身』，而不要被表面的现象所迷惑，不要亦步亦趋，不要蒙蔽了自己的心，不要被日复一日的生活、工作绊住了双脚，而应该为自己的心灵开垦一片净土，以供自己静心反思。

曾国藩“每日三省吾身”

曾经有个这样的传说，上帝在造人的时候，还为人们挂上了两个不同的袋子，一前一后，前面的袋子是装着别人的缺点，后面的袋子挂的是自己的缺点。人们在遇到困扰的时候，习惯性地挑别人的毛病，而很少怀疑自己。这个道理在我们的生活中随处可见，当我们不小心被东西绊倒了时，我们总是怪别人乱放东西，而不会想到自己走路不看路。其实，当我们遇到问题时，应该学会反省，反省自己的行为，反省自己的思想，反省自己的言行，更要学会承担自己的责任。任何时候，学会反省自己，始终是最明智、最正确的生活态度。曾国藩就是这样做的。

曾国藩自身就是一个自律能力很强、善于自省的人。我们只知道曾国藩在仕途上的成就，可能还不知道曾国藩曾被人取了一个外号——曾三戒。关于这个外号，还有个典故。

曾国藩28岁考取进士，也就是1838年时，被皇帝授翰林院庶吉士。古人京科高中实乃家中大事，自然要庆贺一番，于是，按照常理，曾国藩请来了一些亲朋好友，也接自己的老父曾麟书至京享受生活。谁知，其父在京城住了些日子，看到儿子每日生活颓废，很是气愤，于是，几天之后就回湖南老家了，稍后写了一封长信给儿子。

信中主要内容是痛斥儿子的生活作为，并告诫儿子要振作，要“节欲、节劳、节饮食”。曾国藩一直以孝顺著名，看到家父写来的告诫信之后，羞愧难当，当即立下三戒，即“戒多言、戒忿怒、戒忮求”。由此“曾三戒”外号传至开来。

曾国藩后来拜师于儒学大师唐鉴，在唐鉴的指导下，他痛改往日恶习，坚持每天记日记，以此来反省自己，找到自己行为中的得失，除了记日记，他还养成了“慎独”、每日静坐的习惯。

关于行为习惯，曾国藩自己总结出了“日课十三条”，其内容安排包括“主敬、静坐、早起、读史、写日记、练字、谨言、养气、作诗文”，这十三件事情，曾国藩每天坚持做，就这样坚持了一生。

其实，生活中的我们也会犯错，但是我们有没有如同曾国藩一样反躬自省呢？先哲说：“人生的真谛在于认识自己，而且是正确的认识自己。”许多教育家认为，一个人的反思意识应从小培养，因此，尚处于人生积累阶段的年轻人，也应当从现在起，培养自己的反省意识。

那么，什么是反省呢？反省就是要在内心做自我检查，坚持自己的行为和思想，找到其中错误的部分，然后进行自我修正。古人云：“人贵在有自知之明。”试想，如果一个人都不了解自己，自高自大、目中无人、心胸狭窄，那又怎么能不断进步，最后取得成功呢？

富兰克林小的时候，家境很穷。所以，他只在学校读了一年书就不得不出去工作。然而，童年时的贫寒并没有消磨他的意志，反倒让他更加上进，最终成了美国杰出的政治家、外交家，受人敬仰。

其实，富兰克林并不是天才。那么，除了刻苦勤奋外，他是不是还有什么成功的秘诀呢？事实上，在富兰克林的身上，有一种非常重要的品质，那就是经常反省自己。正是这种品质，促使他不断地发现自己的缺点，不断改进，成为一个拥有很多美德的人，最终走向成功。

每天晚上，富兰克林都会问自己：“我今天做了什么有意义的事情？”

他检讨自己的缺点，发现自己有13种严重的缺点，而其中为小事烦恼、喜欢和别人争论、浪费时间这3点最为突出。他通过深刻的自我检讨认识到：如果要成功。就一定要下决心改造自己。

于是，富兰克林设计了一个表格。表格的一边写下自己所有的缺点，另一边则写上那些美好的品质，比如，俭朴、勤奋、清洁、谦虚等。他每天检查。反省自己的得与失，立志改掉缺点，养成那些美德。这样持续了几年，他终于成功了。

的确，我们每个人都不可能永远不犯错误。因此，及时的反省和自我批评往往是纠正自身错误、实现快速转变的关键所在。

其实，犯错并不都是坏事。敢于不断犯错的人，往往也是最容易成功的人。因为他总是无所畏惧，敢于从各个角度尝试不同的办法，最后总能有所突破。人不怕犯错误，关键是要知错能改。对我们所犯的每一个错误，要对它有所分析，有所记录，不断地反省并时刻铭记，以避免下次重蹈覆辙。这样，错误就变成了经验，这些经验对最后的成功至关重要。

总之，面对激烈的竞争，面对瞬息万变的环境，那些不愿意反省自己或者不愿意及时改正错误的人，必将面临失败的结局。同时，在快节奏的信息社会中，一个人如果不能及时察觉自身的缺点，不能用最快的速度修正自己的发展方向，也必然会在学业和事业中落伍，被无情的竞争所淘汰。

心理策略

我们要做一个善于自我反省的人，只有这样，才能发现自己的缺点或者做得不够好的地方，然后加以改正，使自己不断进步，并能够扬长避短，发挥自己的最大潜能，从而不断获得成功。

切勿恃才傲物

生活中，我们会发现这样的一个现象：交通事故的肇事司机都不是新手上路，而是技术熟练者；工作上出现纰漏的人也绝非经验尚浅的人，而是那些自恃资深的老手。这说明了什么道理：人们在成绩面前容易自我膨胀，飘飘然，以为很了不起，就放松了要求，结果，祸由骄傲生！的确，任何时候，如果恃才傲物，有了一点成绩就无法保持思想上的清醒，必须会导致工作上的失败，事故的发生等。

曾国藩为人谦逊谨慎，他曾在给其诸弟的家书中写道：“切勿恃才傲物，要虚心读书。”他还说：“曾氏三房十四叔，不是不勤读，只因傲气太盛，自满自足，便不能有所成就。京城之中，而也有不少自满的人，认识他们的人，不过冷笑一声罢了。所以我们用功，去掉傲气，力戒自满，不为别人所冷笑，才有进步，弟弟们平时都询询退让，但多年小考没有中，恐怕是因为愤激已久，以致产生骄惰的习气，所以特别写信告诫。”

生活中的我们无论何时都要保持清醒的头脑，只有这样，才会稳扎稳打，学好文化知识，学好如何做人做事的道理，走好人生的每一站。

杨修是个文学家，才思敏捷，灵巧机智，后来成为曹操的谋士，官居主簿，替曹操典领文书，办理事务。有一次，曹操造了一所后花园。落成时，操去观看，在园中转了一圈，临走时什么话也没有说，只在园门上写了一个“活”字。工匠们不解其意，就去请教杨修。杨修对工匠们说，门内添活字，乃阔字也，丞相嫌你们把园门造得太宽大了。工匠们恍然大悟，于是重新建造园门。完工后再请曹操验收。曹操大喜，问道：“谁领会了我的意思?”左右回答：“多亏杨主簿赐教！”曹操虽表面上称好，而心底却很忌讳。

后来，曹操出兵汉中进攻刘备，被困在了斜谷界口，想要进兵，又被马超拒守，想收兵回朝，又害怕被蜀兵耻笑，心中犹豫不决，正碰上厨师进鸡汤。操见碗中有鸡肋，因而有感于怀。正沉吟间，夏侯惇入帐，禀请夜间口号。曹操随口答道：“鸡肋！鸡肋！”惇传令众官，都称“鸡肋！”行军主簿杨修见传“鸡肋”二字，便教随行军士收拾行装，准备归程。有人报知夏侯惇。夏侯惇大惊，遂请杨修至帐中问道：“公何收拾行装?”杨修说：“从今夜的号令来看，便可以知道魏王不久便要退兵回国，鸡肋，吃起来没有肉，丢了又可惜。现在，进兵不能胜利，退兵恐人耻笑，在这里没有益处，不如早日回去，明日魏王必然班师还朝。所以先行收拾行装，免得临到走时慌乱。”夏侯惇说：“您真是明白魏王的心事啊！”他也开始收拾行装。于是军寨中的诸位将领没有不准备回去的事物的。曹操得知这个情况后，传唤杨修问他，杨修用鸡肋的意义回答。曹操大怒：“你怎么敢造谣生事，动乱军心！”便喝令刀斧手将杨修推出去斩了，将他的头颅挂于辕门之外。

杨修为人恃才放荡，数犯曹操之忌，杨修之死，植根于他的聪明才智。他本是一个绝顶聪明的人，而且才华横溢，但其才盖主，这就犯了曹操的大忌。

事实上，任何人，只有摆脱骄傲，才有机会看清自己，看清别人，从而博采众家之长。为此，我们要克服骄傲自负的心理，就需要从以下几点努力：

1. 正确认识骄傲

自负这个词，并不是完全贬义的，适当的自负其实可以激发我们努力勤奋的斗志，坚定自己达到目标的信念，但是，自负又必须建立在客观现实的基础上，若脱离实际，那么，自负不但不能帮助人们成就事业，反而影响自己的生活、学习、工作和人际交往，严重的还会影响心理健康。

2. 敢于接受批评

骄傲自负者的致命弱点是不愿意改变自己的态度或接受别人的观点，接受批评即是针对这一特点提出的方法。它并不是让自负者完全服从于他人，只是要求他们能够接受别人的正确观点，通过接受别人的批评， 改变过去固执己见、唯我独尊的形象。

3. 与人平等相处

骄傲自负者视自己为上帝，无论在观念上还是行动上都无理地要求别人服从自己。平等相处就是要求自负者以一个普通社会成员的身份与别人平等交往。

4. 提高自我认识

要全面的认识自我，就要采取辩证的态度看待自身，既要看到自己的优点和长处，又要看到自己的缺点和不足，既不可一叶障目，也不能妄自菲薄，觉得自己一无是处。同时，认识自我也不能脱离实际，而应该放在社会中去考察。另

外，每个人生活在世上都有自己的独到之处，都有他人所不及的地方，同时又有不如人的地方，与人比较，不能总拿自己的长处与比人的不足进行比较而把别人看得毫无优点。

5. 要以发展的眼光

对待自负，既要看到自己的过去，又要看到自己的现在和将来，辉煌的过去可能标志着你过去是个英雄，但它并不代表着现在，更不预示着将来。

心理策略

大千世界，天外有天，人外有人，我们都不能太过自满，要知道，你的那点本事在高人面前只不过是一粒尘埃而已。老老实实做人，踏踏实实做事，才是一种值得称道的修养！

放任自身，将会一无是处

生活中，我们都听过“水满则溢”的故事：一个容器若装满了水，稍一晃动，水便溢了出来。一个人若心里装满了骄傲，便再也容纳不了新知识、新经验和别人的忠言了。故古人云：“满招损、谦受益。”生活中的我们，同样也不能骄傲自负，一旦你放任自身，就会止步不前、一无是处。

曾国藩在其写给家弟的家书中曾告诫其弟要戒掉傲气，力戒自满，不为别人所冷笑，才有进步。早年间，曾国藩发现自己身上的毛病实在太多了，好色，吸烟成瘾，爱睡懒觉，起居懒散，心浮气躁，争强好胜，爱交际，打牌下棋，饮酒喝茶，言不由衷，等等。他意识到，如果放任自身，他就会一无是处。因此，他喊出了一句极端的口号：不为圣贤，即为禽兽。此话令别人颇难理解，对他本人却很贴切。

的确，人都是有自满情绪的，尤其是当自己取得了一定的成绩后，心态便会变得不一样，甚至在穿着打扮上也会超前很多，说话、动作都会狂妄起来，并急于把自己的成绩告诉别人，生怕别人不知道，这样，周围的人会对他刮目相看。而对于周围人的吹捧，他也很受用。但是，只要有这种感觉，人的意志就会消沉，精神也会沉浸于那种享受中，不会再努力去工作，而是刻意追求名利。自己的工作如果再努力一些，也许会做得更好，但这时候的自己已很满足，“差不多就行了”的思想慢慢在内心占了主导地位。人生也可能就此到头了。

所以，我们在成就面前，都不要利令智昏，让虚荣心钻了空子。你需要记住的是，天外有天，人外有人，你会发现，你需要学习的还有很多。

美国有位牧师，第二天要去进行一次隆重的布道演讲，但踌躇再三，一直找不到合适的讲题，偏偏他的小孩又在边上捣乱。他就拿了一张世界地图，几下将它撕成碎片，交给小孩，说：“如果你能将这张地图拼好，我给你两块钱。”小孩高高兴兴地就拿过去了。牧师心想：这张地图够孩子忙上几个小时了，自己也正好准备一下演讲。岂料过了不到几分钟，小孩就兴高采烈地跑出来，说地图已经拼好。牧师接过一看，果然一张完整的世界地图又呈现在眼前，他奇怪地问：“你怎么能这么快就拼好了呢？”小孩回答：“地图反面是一张人头像,我把人头像拼好了,地图也就当然拼好了。”

从这个故事中，我们发现，任何人身上都有值得我们学习的地方。

有个老人在河边钓鱼，一个小孩走过去看他钓鱼，老人技巧纯熟，所以没多久就钓了满篓的鱼。老人见小孩很可爱，要把鱼送给他，小孩摇摇头，老人惊异地问道：“你为何不要？”小孩回答：“我想要你手中的钓竿。”老人问：“你要钓竿做什么？”小孩说：“这篓鱼没多久就吃完了，要是我有钓竿，我就可以自己钓，一辈子也吃不完。”

可能你会说：好聪明的小孩。错了，他如果只要钓竿，那他一条鱼也吃不到。因为，他不懂钓鱼的技巧，光有鱼竿是没用的，因为钓鱼重要的不在钓竿，而在钓技。有太多人认为自己拥有了人生道路上的钓竿，再也无惧路上的风雨，如此，难免会跌倒在泥泞的路上。就如小孩看老人，以为只要有钓竿就有吃不完的鱼，就像伙计看老板，以为只要坐在办公室里，就可以日进斗金。这个故事告诉我们什么呢？也许我们需要学习和掌握的东西还有很多很多，也许我们不能把一切事情想象得那么简单。

为了克服自满情绪，我们需要做到：

1. 多主动请教他人，看到自己的不足

一个人取得成就后，容易自满，看不到自己需要改进之处，那么，你可以主动请教他人，让他人从旁观者的角度帮你指出来。一般情况下，对方都乐于向你传授经验和教训的。

2. 切实提高自己各方面能力

一个人只专注于某一方面特长或者某一爱好，一般在此方面投入的精力就多，期望也就越多，一般也容易取得成绩，也容易自满，但“人外有人，山外有山”，即使你这次成功了，但并不一定代表你永远成功。而如果你能拓展自己多方面的能力、兴趣、爱好等，那么，你在拓展视野的同时，也会学习到各种抗挫折的能力、知识、经验等，具有较完善的人格，这对于提高自己的自理能力、交往能力、学习能力和应变能力都有很大的帮助，也为你独自战胜困难提供勇气和方法。

3. 勇于创新

骄傲自满，你将很快就被超越。而只有进步才能获得更强的竞争力。然而，没有创新就不可能进步。因此，你应该将自己的求知欲望和求知兴趣激发出来，鼓励自己多参与动脑、动手、动眼、动口的活动，使其善于发现问题，提出问题，并尝试用自己的思路去解决问题。

心理策略

任何人要想不断进步，就必须保持谦逊的心态，脱胎换骨，虚心学习，全面接受新知识，全面适应新环境，全面构建新素质，而不能骄傲自满，更不能自以为是。

认清世事，时刻反省自己

曾国藩曾在其家书中写道：“禀父母大人：前于过失，每自忽略，自十月以来，念念改过，虽小必惩。手谕示以节劳节欲、节饮食，谨当时时省记。”曾国藩此处要表达的意思是：“以前对于犯的错误、过失，常常自己忽略了，没有放在心上。自十月以来，总是念念不忘改过自新。即使是小小的过失，也不放过，必有惩戒。”

的确，在其被父亲书信痛斥之后，他反省了自己，也因此留下了一生常反省自己的习惯。每一个人都是一个单独的个体，人与人虽然没有优劣之分，但每个人自身都各有优点与不足，你若能及时发现自己的问题，扬长避短，并加以改进，那么便能更好地成长，很多成就卓著人士成功，首先得益于他们充分了解自己的长处，知道自己的短处，然后根据自己的特长来进行定位或重新定位。

爱因斯坦小时候十分贪玩，他的母亲最担心的就是这点，很多时候，母亲对他的告诫，他也当成耳边风，过后就忘。后来，等到他长成16岁的时候，父亲对他的一番话让他真正长大了，并且影响了他的一生。

父亲说：“昨天，我和你杰克大叔一起去清扫了南边的一个很久没人打扫的烟囱，去的时候，我走在你杰克大叔后面，我们踩着钢筋做的梯子上去。下来的时候，我依然走在你杰克大叔后面。但我们出来的时候，我发现，你杰克大叔身上、背上、脸上都是黑乎乎的。”

爱因斯坦听得很认真，父亲继续微笑着说：“当我看见你杰克大叔浑身黑乎乎的样子，心想，我肯定也脏死了，于是，去河边洗了又洗。而你杰克大叔恰恰相反，他看到我干干净净的样子，以为自己也是干净的，只是随便洗了洗手，就去街上了。结果，街上的人都笑破了肚子，还以为你杰克大叔是个疯子呢。”

爱因斯坦听罢，也忍不住笑了半天。等他平静下来后，父亲郑重地对他说：“其实别人谁也不能做你的镜子，只有自己才是自己的镜子。拿别人做镜子，白痴或许会把自己照成天才的。”

的确，正如爱因斯坦的父亲所说，我们只能做自己的镜子，照出真实的自我。

而事实情况是，我们既不可能每时每刻去反省自己，也不可能站在一定的高度、以局外人的身份来观察自己，于是，我们只能以外界信息和他人的眼光来认识自己，于是，我们的思维很容易受到外界信息的暗示，迷失自己。

进步的首要关键，在于你一定得认识和了解自己，而这件事只有你自己才能完成，这是一个非得靠你才能解答的问题。谁能永久激励你？谁能让你不断成长？答案是你自己，别人只能帮你推波助澜而已！所以要获得成功，首先要先研究、了解自己。

那么，我们该如何做到经常反省呢？

1. 了解什么是反省

反省——检查自己的思想行为，检查其中的错误。古人云：“知人者昏，自知者明。”的确，人贵在有自知之明，试想，如果一个人自己都不了解自己，目空一切，心胸狭窄，心比天高。又怎么会虚心进取？就更不用说成功了。

2. 时常放空自己

有一个国王，他善于治理国家，于是，他的国家富足又强大，其他国家也不敢来犯，因此，一直以来，他都比较满足，但有一天，他忽然觉得非常惶恐。于是，他召集王宫中的智者说：“我很想找到一个东西，用来使我安定。当我不快乐时看它，它会使我快乐，在我快乐时看它，它会使我忧愁。”智者绞尽脑汁，终于在最后设计出国王想要的这个钟，不过上面刻了这样一句话：“这，也将成为过去。”

的确，我们如果总是停留在过去的成就、荣耀中，那么，便不能以虚心的心态去求知，便总是驻足不前。因此，如果你想让自己的内心变得更为强大、宽广，如果你想在人生路上继续前进，那么，你就必须懂得放下的智慧，放下过去的兴衰荣辱，以空杯心态面对未来。

心理策略

我们要做一个善于自我反省的人，只有这样，才能能够发现自己的缺点或者做得不够好的地方，然后加以改正，使自己不断进步，并能够扬长避短，发挥自己的最大潜能。

明师益友，虚心请教

俗话说“金无足赤，人无完人”，无论是谁，都有优点、长处，也都有缺点、短处，我们要想进步，就必须要虚心向别人学习，做到取人之长补己之短，如此，才会有进步。然而，生活中，有一些人，他们年少轻狂，在他们的眼里，谁都不如自己，目空一切。也许他们是有很多过人之处，但任何人都不是全才，如果停止了学习的脚步，就会故步自封，止步不前。而只有取人之长补己之短，才能做到不断完善自己，少走很多弯路。

对此，曾国藩在写给其弟的家书中说：“明师益友，虚心请教。”他在信中指出：“从写日记本子开始，可以保证一生有恒心了。明师益友，一重又一重挟持我。只能进不能退。”曾国藩的意思是，自己之所以能养成做事有恒心的习惯，完全是因为得到了明师益友的督促和指点。

曾国藩这段话是要告诉我们，要始终保持谦虚谨慎的态度面对人生，因为只有一颗谦虚的心，人就会专注于自己的工作，就会坚持努力工作，内心会处于一

种不知足、进取的状态，他的内心一定会这样说：我还有很多不足之处，还要继续努力学习，还有很多工作做得不好，还要努力把它做得更好一些。按照这样的一种方式来对待自己的人生，工作就会做到位，人生就会充满光彩。

实际上，历史上有许多杰出的人士都非常注重向别人学习。同时，一个人有才能是件值得佩服的事，如果再能用谦虚的美德来装饰，那就更值得敬佩了。

洪堡是德国著名的探险家、自然科学家，是近代气候学、自然地理学、植物地理学和地球物理学的创始人之一，他对生物学和地质学也有很深的造诣，在科学界享有极高的声誉，被当时的人们尊为“现代科学之父”。

尽管如此，洪堡却是一个十分谦逊的人。他尊重别人，从不自满，直到晚年还刻苦学习。在柏林大学的一间教室里，每当著名的博克教授讲授希腊文学和考古学的时候，课堂里总是挤满了学生。在这些青年学生中间，人们常常会看到一位身材不高、穿着棕色长袍的老人。这位白发苍苍的老人也像别的学生一样，全神贯注地听课，认真地做笔记。晚上，在里特教授讲授自然地理学的课堂里，也经常出现这位老者的身影。有一次，里特教授在讲一个重要地理问题时，引用了洪堡的话作为权威性的依据。这时，大家都把敬佩的目光投向这位老人。只见他站起身来，向大家微微鞠了一躬，又伏身课桌，继续写他的笔记。原来，这位老人就是洪堡。

洪堡曾说过：“伟大只不过是谦逊的别名。”他正是这样一位谦逊的伟人。越是有成就的人，越是深知谦虚学习的重要性，“梅须逊雪三分白，雪却输梅一段香。”一个人要想真有长进，不仅需要谦逊，而且还要有雅量，要放下架子，不耻相师。伟人尚且能做到如此，那么，平庸的我们呢？是否也应该反省一下，找出自己的不足，然后通过学习加以弥补呢？

美国华顿公司的总裁山姆·沃尔顿创立了沃尔玛，资产已经超过了250亿美元，他的家族现在还是世界上最有钱的人之一。山姆·沃尔顿会不断地去考察竞争对手的店面，思考对手哪里做的比我好？回去之后就不断改进。

每一个人都必须非常了解自己的优点和缺点，同时不断地改善自己的缺点，这样成功的概率会比较大。一个人的知识和本领总是非常有限的，所以，应该谦虚一些，多向别人学习。不自夸的人会赢得成功；不自负的人会不断进步。所以我们不缺乏学习，而是缺少发现，这取决于你用什么眼光、从什么角度去看待每个人。“三人行，必有我师”，要善于取人之长，补己之短，不懂、不会，要不耻下问，切忌不懂装懂，掩耳盗铃，自欺欺人，待人接物要礼让谦恭，用谦虚的态度博得他人的认可，在与人交往中不断提升自己的水平。

因此，我们首先就要树立正确的观念，这样才能学得自觉，学得长久。提高能力素质，实践告诉我们，善借外智，才能思路开阔；善借外力，才能攀上高峰，一个国家和民族才能兴旺发达。否则，结果只能有一个：停滞不前。

然而，要做到真正的求教，还需要你做到持之以恒，三天打鱼、两天晒网，见异思迁的学习是不能产生令人满意的效果的。向他人学习，必须从不自满开始，无论取得多好的成绩，也不能停顿。

心理策略

随着社会的发展，人人都在向前迈进。任何人要想成长、进步，就必须放下“架子”，丢掉“面子”，虚心地向他人请教，见先进就学，见好经验就学，才能不断提高，不断进步，实现自己的人生理想与追求。

参考文献

［1］［美］黑尔著. 曾国藩传[M]. 王纪卿，译.长沙：湖南文艺出版社，2011.

［2］唐浩明. 曾国藩[M]. 上海：华东师范大学出版社，2016.

［3］唐浩明. 曾国藩注释本[M]. 长沙：岳麓书社，2012.

［4］刘永. 曾国藩谋人谋事的心理学诡计[M]. 北京：北京理工大学出版社，2012.

［5］中石. 曾国藩谋人谋事之道 [M]. 北京：当代世界出版社，2010.